北京市哲学社会科学规划项目
北京市教育委员会专项资助

中国高清电视：
内容·技术·市场

□ 赵子忠 王 昕 李琳琳 卢 迪 著

HDTV in China: Contents, Technology & Market

中国传媒大学出版社

前 言

中国,4亿台电视机,13亿人口,将会面对一个潮流,那便是“高清电视”。潮流所至,大屏幕、环绕立体声的高清晰度电视机纷纷登场,推动上亿台电视机的更新。高清电视革命的到来,将会引发上亿户家庭娱乐媒体的变革。

高清是一场全球的游戏,各国政府纷纷介入,以期从战略层面谋求优势。领先的国家已经启动了高清产业游戏的按键,美国、日本、欧洲都出台了相关的法律和政策。强制也好,奖励也罢,就是要扶挟各自的产业集群登上高清电视这列战车,进行国际市场争夺和划分格局。

中国的数字高清电视正在“整体平移”上开始起步,国际高清电视发展与中国广电数字化的格局,将会催生出一个具有中国特色的数字高清电视之路。其间,有几个方面我们必须提前考量好、关注好。

其一,广电与信产共进之路

数字高清是加快发展我国民族电子工业的契机。高清电视作为广电数字电视网的重要组成部分,尤其体现了以信息化带动工业化的特点,其发展必将进一步促进广电与电子、通信行业的交汇,促进广电与信息产业的融合。高清,应该由信息产业部与广电总局共同推动。由信息产业部规范设备市场,促进我国民族电子工业的发展;广电总局推动频道与内容的发展,形成广阔的增值服务市场。新兴的高清产业,投资回报比将更大,广电内容供应商通过高清可以重振电视业的高端业务。保持广电运营商和电子产品制造商的协调,利于打通产业链,实现高清电视良性发展。

其二,高清电视的商业之路

在我国,广电商业之路就是广告之路。然而单一的经营模式,势必会影响高清电视的发展。同样的频道,更高的成本,有谁愿意来为高清电视的发展进行战略投入呢?

高清设备市场发展受高清经营模式的牵制,由于经营模式的单一而导致的内容匮乏,始终是阻碍我国高清电视发展的巨大障碍。同时,不容忽视的还有我国高清电视还承担着公共服务的重大责任,由政府扶持的免费高清节目将始终占一定比重,而付费高清频道的经营模式尚未建立。因此,对新型经营模式的开发和探索将直接决定我国高清市场的开拓和发展。

其三,"用户"与"制造者"

目前我国高清制作设备市场以日系索尼、松下为主,法国汤姆逊也占据一定市场。高清电视技术与生产环节中,海外的高清技术厂商占据着技术的主导性,国内高清电视生产商缺乏高清核心技术,普遍处于全球彩电制造链的下游,从事着技术含量较低的整机生产,上游的显示面板和数字芯片技术都掌握在国外厂商手中。如何提高我们在高清技术链条中的地位,形成"自主创新"的技术优势,将决定我国高清电视产业在国际博弈中的地位和角色——到底是处于下游的"用户",还是掌握主动权的"制造者"。

中国高清电视发展的关键问题在于政府要制定一个明确、前瞻性的战略,包括:

- 高清电视在国家广电产业和信息产业中的地位?
- 数字电视推广中,标清与高清如何分配?
- 采用哪个平台传输,是有线、地面还是卫星?
- 以什么作为主要驱动力,是内容制作还是播出、终端?
- 如何处理电视台与制作公司及设备厂商的关系?

- 要不要以及如何吸引外部资本?
- 国家采用何种调控与扶持手段?

从标清到高清,传统媒体转型与数字媒体新兴,原有体制改革和新型体制建设,原有产业升级与新产业格局建设……种种变因、各方力量,将会决定中国高清电视的发展脉络与演化进度。

目录

CONTENTS

第一章

高清电视概述

第一节 高清电视的界定与内涵

关于高清电视概念的界定，有广义和狭义两种方法：狭义的界定从技术的角度来阐述高清电视；而广义的界定则不仅从技术的角度，还从产业链和市场的角度来阐述高清电视。中国高清电视研究中，产业链和市场，是与技术并重的命题。所以，本书将采用广义的方式来界定高清电视。

高清电视也称“高清晰度电视”，其英文是 High Definition Television，缩写为 HDTV。高清电视，是通过一定的技术方式传播高品位优质音画的数字电视技术系统；同时，高清电视也是一个由内容制作机构、内容运营机构、内容传输机构、终端设备供应商、受众市场构成的产业链体系。

高清电视具备四个特征：其一，高清电视基于数字技术，电视节目的采集、制作，电视节目的传输及用户终端的接收全部实现数字化；其二，顾名思义，高清电视具备高清晰度，分辨率最高可达 1920×1080，帧率高达 60fps，若使用大屏幕显示则有亲临影院的感觉①；其三，高清电视的屏幕宽高比为 16:9；其四②，在声音系统上，高清电视支持杜比 5.1 声道传送，

---

① http://wenku.baidu.com/view/41b6bb3043323968011c9244.html

② 同上。

带给人 Hi-Fi 级别的听觉享受。

高清电视的内涵由两个要素构成:其一,技术要素;其二,产业链要素。技术要素包括:高清晰度电视的声音、画面技术标准,高清晰电视节目的采编技术标准,高清晰度电视的传输技术标准,高清晰度电视的接收技术标准。产业链要素是指高清电视的内容制作机构、内容运营机构、内容传输机构、终端设备供应商、受众市场构成的产业链体系。举例来讲,美国高清电视产业链体系是由 ABC(美国广播公司)、CBS(哥伦比亚广播公司)等数十家内容制作及运营商,以 DirecTV、EchoStar、Time Warner(时代华纳)为代表的卫星及网络运营商,以及提供 LCD、PDP、LCOS、DLP、DVR、显卡、游戏设备、机顶盒等设备的设备生产商共同组成的。中国高清电视产业链也具有类似结构体系。

第二节 高清电视产业链结构

高清电视产业是指生产、传输、接收高清电视节目的各类机构、企业的总和,主要包括四方面力量:内容运营商、频道集成商、网络提供商、终端设备商。高清电视产业内的相关机构和企业构成高清电视产业价值链,并通过整个高清电视产业创造产业价值,满足高清电视的市场需求。

高清电视产业有三个平台:内容平台、传输平台、终端平台,三个平台形成互为作用的体系。

在高清电视产业链中,用户是产生利润的来源,决定着高清电视市场的收益规模;高清电视内容是用户长期消费的商品,内容的吸引力决定了用户是否肯为节目买单;频道集成商负责将多元化的高清电视节目集成完整的高清电视频道;网络运营商负责高清电视节目的传输,实现用户收

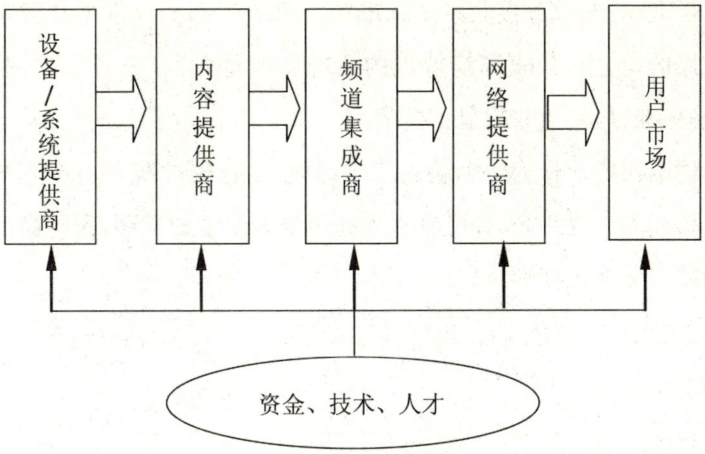

图 1－1　高清电视产业链

看；服务提供商协助网络运营商，他们作为向用户提供服务的主体，配合网络运营商制定相应的业务发展策略；设备提供商/系统集成商为高清电视节目制作机构提供各种制作设备，为用户提供用于接收高清电视节目的机顶盒和电视机设备。

高清电视产业链各环节的机构需要形成有效的合作模式和高效的运营模式，共同为用户提供高清电视服务。

第三节　高清电视的技术体系

高清电视是新技术驱动的结果，这注定了技术在产业发展中具有基础性地位。高清电视的技术体系主要体现在一系列的标准上，如高清晰度电视的演播室参数、演播室节目传输和制作设备标准、数字电视信源压缩编解码标准、广播和交互数据业务标准、条件接收控制标准、多节目复用和传输标准、地面广播标准、卫星广播标准、有线电视网传输标准、终端接收机标准、数据业务接收系统标准等。以上大部分标准是和数字标清电视通用的,其中,代表高清特点的标准主要是画面/声音标准、采编标准、传输标准、终端接收机显示标准。

高清电视产业作为一个新兴产业,其技术标准的统一与产业的发展壮大密切相关。近年来,伴随着世界高清电视技术的发展,我国高清电视统一的技术标准正在形成。

一、画面、声音标准

与标准清晰度电视相比,高清电视在图像清晰度、屏幕尺寸、宽高比和声音等方面都有较大的提升。结合人眼视觉特性和心理效应试验,对高清电视的基本参数有如下要求:

- 提高图像的空间分解力。亮度分解力决定了重显图像细节的清晰程度,高清电视在水平方向和垂直方向上的空间分辨率应是普通清晰度电视的两倍,每帧图像行数不少于 1 000 行。
- 提高场频或帧频,应确保高亮度下图像不闪烁。
- 提高图像的宽高比。画面宽高比为 16:9,更符合人眼的视觉特性,视野宽,临场感强;画面尺寸应做到对角线达 0.8m 以上的大屏幕。试验证明,如果观看画面时视角相同,显示的画面尺寸越大,临场真实感越强。因此高清电视须用大屏幕显示图像。
- 展宽色域,提高电视的色彩感染力。
- 应有高质量的环绕立体声,至少有 4 路数字伴音通道,伴音带宽应达到 20kHz。

二、采编标准

1. 演播室标准(视频图像制作标准)

随着我国数字电视广播和其他多媒体业务的开展，制作高清晰度电视的需求日益增长，因此规范高清电视演播室制作参数十分必要。我国于2000年颁布了《高清晰度电视节目制作及交换用视频参数值》标准GY/T155－2000。该标准主要参考了国际电信联盟的建议书ITU－R BT.709－3《节目制作及国际间节目交换用HDTV参数值》中的第二种方案——方型像素通用格式。

(1)对分辨率的选择

每行有效样点数1920和每频有效行数1080。

(2)对场频或帧频的选择

由于我国和欧洲许多国家的交流电源频率为50Hz，而美国和日本等国家的交流电源频率为60Hz，故国际上的模拟电视系统标准中一直存在50 Hz和60 Hz两种场频。与60 Hz场频相比，50 Hz在高亮度情况下会出现明显的闪烁，但这对模拟电视系统来说基本可以满足要求。

目前，在国际高清电视标准中仍存在50Hz和60Hz两种场频。试验表明，在高清系统中，如果要使接收机消除大面积闪烁现象，场频就必须高于70Hz～80Hz。但将高清场频改为70Hz～80Hz目前也是不现实的，因此我国高清电视演播室标准仍采用50Hz场频。对于大面积闪烁这个问题，则通过接收机的倍频或采用其他显示器件来解决。

(3)对扫描方式的选择

现行电视系统采用的扫描方式主要有两种：逐行扫描与隔行扫描。模拟电视系统采用了隔行扫描方式，国际上HDTV和SDTV的数字电视广播中目前也主要采用隔行扫描方式,只有个别国外电视台采用720P逐行扫描方式。

我国高清电视选择了1080i隔行扫描方式。

(4)对24P格式的选择

在电视电影的转换中,在把24帧/秒的电影胶片转换成50场频的电视节目时,传统的方法是用电视电影机以25帧/秒的速度直接重放。这种方法的缺点是,图像和伴音的频率都会加快,造成图像和声音在一定程度上失真。

24P格式(1920＊1080/24/1:1)是一种高分解力的逐行扫描方式,与电影的帧频一致,是一种新的电视节目制作格式。24P格式的目的是为了更好地进行HDTV节目和电影素材格式的转换,有利于对电影素材进行后期编辑。

为此,我国在数字高清电视演播室视频参数标准中增加了24P格式。

综上,目前我国的演播室标准已经确定,是1920/1080/50i和1920/1080/24P。

2. 音视频编解码标准

在传输视频数据之前,视频压缩技术被用来降低原始视频的码率。由于高清晰度电视的码率是标准清晰度电视码率的5倍,因此音视频压缩技术非常重要。

目前主流的视频压缩技术主要有MPEG－2、MPEG－4、H.264和我国自主知识产权的AVS。

在欧洲,MPEG－4是占上风的视频压缩技术。在我国,2005年4月30日,AVS标准视频部分通过公示,在标准道路上迈出了决定性的一步。2006年2月22日,国家标准化管理委员会颁布通知:《信息技术 先进音视频编码》第二部分“视频”于2006年3月1日起开始实施，AVS视频部分正式成为国家标准。AVS的产业化步伐在制订标准的过程中就已经开始，目前正处在大规模产业化的启动期。

(1)MPEG－2

MPEG－2即ISO/IEC 13818，是运动图像及其伴音的通用编码标准，它制定于1994年，设计目标是为了广播电视的应用。

MPEG－2是目前全球应用最普遍、最广泛的一种音视频压缩标准，由于MPEG－2支持的带宽范围从2Mbps到20Mbps以上，后向兼容MPEG－1，支持隔行扫描，并能提供广播级视像和CD级音质，具有很大的伸缩性和灵活性，因而广泛应用于DVD、DTV、HDTV中。中央电视台高清综合频道(以后简称“央视高清综合频道”)在压缩标准上就选择了MPEG－2。就央视高清综合频道而言，其在压缩标准上选择了目前国际上应用普遍的MPEG－2，虽然引起了广泛非议，但中央电视台也有自己的考虑。首先，无论是H.264还是AVS，目前都还不成熟，且在国际上应用还不普遍，无论是出于风险考虑还是内容交易的考虑，都不是最佳选择。其次，如果选择MPEG－4或H.264，就须交纳远比MPEG－2更加高昂的专利费。

虽然MPEG－2标准应用广泛，安全性能高，但是随着我国广播电视产业应用的发展，它不可避免地会存在一些局限性。由于用MPEG－2压缩一路高清电视节目的码率高达20Mbps，因而全面高清化之后，我国将面临带宽资源缺乏的局面。

(2)H.264(也称作MPEG4 AVC或MPEG4 Part10)

如果必须在传输流中传输更多的HDTV频道，则要利用新的视频压缩编码技术以节约系统带宽。新兴的H.264压缩标准的压缩效率通常比现在所有标准高1倍，特别是与MPEG－2相比，其压缩效率提高了

1.25～1.5 倍。这就意味着在相同码率下,使用 H.264 可以获得比 MPEG－2 高得多的视频分辨率;也就是说,H.264 只需 MPEG2 一半的码率,就可以实现相同的视频质量。

H.264 因其更高的压缩比、更好的 IP 和无线网络信道适应性,特别适合在带宽有限的场合使用,例如移动应用和基于 ADSL 的 IPTV 等。

但对于我国而言,选择这两种标准意味着我们须付出更加高昂的专利费。有数据显示,到 2015 年,中国的电视机保有量将达到 6 亿台。如果到 2015 年电视数字化工作完成,所有电视机都采用 MPEG－2 标准,那么每个电视机终端须交纳 2.5 美元,累计须交纳不少于 6 亿个MPEG－2 解码器的专利使用费,总计 15 亿美元(约合 99 亿元人民币)。如果其中的 2 亿台电视机采用 MPEG－4 或 H.264 标准,则除了须交纳 10 亿美元的 MPEG－2 专利使用费以外,还需交纳一些其他的费用,例如年节目解码使用费[按照平均每个电视用户每天收看 2 集电视连续剧计算:2 亿×0.04(美元/天)×365 天＝29.2 亿美元(约合 193 亿元人民币)]。初步估计,如果采用 MPEG－4 或 H.264 标准,今后 10 年我国累计可能会被收取最高 2300 亿元的 MPEG－4 和 H.264 的专利使用费。

(3) AVS

AVS 的优势在于:第一,具有自主知识产权;第二,产业应用范围具有更高的扩展性。AVS 的产业应用包括(高清晰度)数字电视、网络电视、多媒体通信等,将来还可能扩展至移动电视(包括手机电视)、数字游戏、激光视盘等广阔的应用领域。其产品形态有芯片、软件、整机和系统。另外,AVS 产业规模可观。如果以 6 亿台电视机计算,如果采用 AVS 标准,将高清和标清统一考虑,按照每个 AVS 机顶盒与解码器平均 300 元人民币计算,直接的产业规模就是 1 800 亿元;如果把移动视频、IPTV 等领域的产业也考虑进去,则规模应该在 3 000 亿元以上。

目前，AVS视频部分已正式成为国家标准，正处在大规模产业化的启动期。

三、传输标准

如前所述，我国高清电视发展中将采用地面、卫星、有线三种传输方案，2005年开始采用有线传输，2008年开通了地面免费高清频道和卫星高清频道。

对于传输标准，有线和卫星传输的标准已经确定，分别是欧洲标准的DVB－C和DVB－S，两者不存在争议。争议较多的是地面数字电视的标准，由于标准背后代表着巨大的利益关系，因而久久悬而未决。经过两年的争论和验证，目前已尘埃落定，是清华大学和上海交大方案的融合。中国数字电视地面广播传输系统标准——GB20600－2006《数字电视地面广播传输系统帧结构、信道编码和调制》于2006年8月18日正式获准成为强制性国家标准，于2007年8月1日起实施。

四、终端显示标准

我国高清电视机终端显示标准于2006年3月31日确定，信息产业部通过其官方网站发布消息："为促进我国数字电视产业健康发展，规范市场行为，维护消费者利益，信息产业部组织制定的《数字电视接收设备术语》等25项电子行业标准于日前正式发布，均为推荐性标准。"该标准于2007年1月1日起正式实施。

标准涉及术语与试验方法、接口、机顶盒、机卡分离和显示器五个方面。在产业界和消费者极为关注的高清电视机显示标准的界定上采取了双轨制,即等离子电视、液晶电视、液晶背投电视、CRT背投电视等必须清晰度达到720线以上,CRT电视清晰度必须达到620线以上。

第四节　中国高清电视发展的四个阶段

数字高清晰度电视(简称"HDTV")的概念始于20世纪中期,与传统电视相比,高清电视所拥有的高清晰、宽屏幕、卓越的画面质量以及令人震撼的音响效果,直接给观众带来了全新而震撼的收视体验,以高度清晰的画质为主要特征的电视"新视觉革命"势不可挡,高清电视代表了世界数字电视产业发展的最新趋势。

中国自上个世纪90年代初开始就设立了数字高清晰度电视重大科技产业工程项目,于1998年9月成功研制出了中国第一套数字高清功能样机系统,并进行了开路发射演示,成为世界上第四个拥有数字高清晰度电视地面广播传输系统的国家。发展至今,我国的高清电视经历了四个阶段:探索与研发阶段、试验播出阶段、产业启动阶段以及产业发展阶段。

一、探索与研发阶段(1991～1996年)

在全球高清技术发展的推动下,我国也开始有计划地进行高清硬件技术的初步探索,进入了我国高清电视产业的探索和研发阶段。该阶段的主要工作是制订高清电视发展计划,成立专家组,着手高清电视的理论研究和技术研发。

1991年,原广播电影电视部就与国家科委共同制订了高清晰度电视发展计划。

1993 年至 1995 年，国家科委组织了高清晰度电视（HDTV）发展战略专家组，提出“HDTV 两步走计划”；国务院成立 HDTV 协调小组、HDTV 专家组、HDTV 总体组等攻关小组。“八五”国家重点科技攻关项目“HDTV 技术研究”对模拟/数字高清晰度电视和常规数字电视广播开展了理论研究和计算机模拟，取得了一些试验结果和经验。

1996 年 3 月，国家科委通过了《高清晰度电视功能样机系统研究开发工程总体实施方案》，我国的高清晰度电视研究进入硬件开发阶段。

二、试验播出阶段(1997～2000 年)

1997 年至 2000 年是我国高清电视的试验播出阶段，该阶段我国高清电视的研发获得了重大突破。例如，相关机构研制出我国第一台高清电视机，建成了我国第一个地面高清电视传输系统，进行了第一次高清电视播出试验，并且成立了数字电视领导小组和标准委员会，为高清电视产业的启动奠定了基础。以下为该阶段的标志性事件：

1997 年 8 月 25 日至 31 日，在北京进行了我国第一次高清晰度电视播出试验，试验设备由美网 ATTC 提供，发射频道为 31 频道，最大功率为 1KW，在离发射地点 58 公里左右的八达岭长城上能清晰稳定地接收信号。该实验对中国的电视数字化进程具有非常重要的意义。

1998 年 6 月，由 HDTV 总体组负责研制的第一台 HDTV 样机在北京问世，同年 9 月 8 日至 12 日通过中央电视台发射塔进行了广播试验，我国成为继美国、西欧、北欧之后第四个完整拥有数字式高清晰度电视地面广播系统的地区。

1998 年秋，国务院撤销 HDTV 协调小组，由国家计委牵头成立国务院数字电视领导小组，由国家质量技术监督局牵头成立数字电视标准专家委员会。此举标志着我国正式启动数字电视的应用和产业化进程。

1998年冬,我国以电视工业界为主,自发成立数字电视产业联盟(DTVIA),就联合开发数字电视技术达成联盟与协作意见,第一件合作事项是供国庆50周年活动实况转播之用的数字HDTV地面广播实验所需设备的研制工作。

1999年1月,深圳康佳集团公司在美国CES展会上推出基于ATSC制式的中国第一台企业制造的HDTV,标志着我国在数字电视开发技术方面实现了与最新技术的同步发展。

1999年10月,国庆50周年庆典活动中,国家广播电影电视总局(以下简称“广电总局”)进行了高清晰度电视实况转播试验,中央电视台、广播科学研究院、高清晰度电视总体组、接收机厂家组成的数字电视联盟以及中央广播电视发射塔参加了此次试验。

2000年5月,国务院数字电视领导小组部署北京、上海、深圳三个城市作为数字HDTV地面广播系统的试点城市。

2000年10月1日,中央电视台试播了高清晰度数字电视地面广播。

三、产业启动阶段(2001~2007年)

在我国高清电视产业启动阶段,我国政府对高清电视产业的发展给予了大力支持:广电总局的《“十一五”时期广播影视科技发展规划》明确提出了“推进高清晰度电视和立体声节目制作播出。2008年实现北京奥运会的高清晰度电视转播,2010年全国达到10个以上高清晰度电视频道的节目制作能力”,并且不断鼓励有条件的电视台将现有频道节目以标清与高清两种方式同时播出;《信息产业科技发展“十一五”规划和2020年中长期规划纲要》则指出,中国要形成具有自主知识产权的高清晰数字电视技术和标准，实现高清电视的产业化发展；《广播影视科技发展“十一五”规划和 2020 年远景目标》则规划到 2010 年中国能够开办 10 个以上的高清频道，大力提高广播电视的立体声、环绕声节目的制作播出能力。

在政府的鼓励支持下，经过一系列试验播出之后，我国高清电视的产业化运营逐渐起步，深圳、北京和上海率先开办了高清频道，其中北京和上海首先开始了商业化的运营。

2001 年，国家计委批准北京、上海、深圳三个城市进行数字电视的研究开发及产业化试点。根据国家计委的规划，深圳试点的主要内容是进行数字电视广播实验，研制数字电视专用芯片和推进高清晰度电视的产业化。

2003 年 10 月，深圳电视台开办全国首个高清电视频道。

2005 年 9 月 1 日，第一个全国性高清电视频道——中央电视台高清影视频道(以后简称“央视高清影视频道”)在杭州落地试播。

2005 年 10 月 1 日，上海文广集团的新视觉频道通过有线电视网进行试验性播出。

2006 年 1 月 1 日，央视高清影视频道和新视觉频道正式播出。

2006 年 4 月 27 日，中国电影集团的 CHC 高清电影频道及 CHC 动作电影频道正式开播。

2007 年 10 月，中央电视台开通免费地面高清频道。创办初期的央视高清综合频道汇集了中央电视台优秀节目的精华，向观众提供本土化、国际化、高品质、时尚感的高清电视节目，其节目构成包括体育节目、影视剧、专题片、纪录片、综艺娱乐节目、音乐戏曲节目、动画片、经济节目等。

四、产业发展阶段(2008年～至今)

2008年至今,是我国高清电视产业的发展阶段。2008年,为了迎接北京奥运会的召开,实现北京奥组委采用高清电视技术转播北京奥运会的承诺,以高质量、高水准的电视摄制和传播技术宣传奥运会,经广电总局批准,北京电视台奥运高清频道于2008年5月1日试播,并于北京奥运会之前进行了2008年欧洲锦标赛(6月7～29日)的全程高清直播。在北京奥运会期间,北京电视台奥运高清频道全程转播北京奥运会开闭幕式和各项奥运赛事,正式成为“奥运高清频道”。

北京奥运会的成功高清转播推动了我国高清频道的全面发展,在此之后,中央电视台一套、上海东方卫视、北京卫视、江苏卫视等中央级及省级卫视频道纷纷开通高清频道,我国的高清电视进入了产业发展阶段。

2008年1月1日,我国第一个以高清晰度信号格式制作、播出的开路电视频道——央视高清综合频道开播。

2008年5月1日,央视高清综合频道正式开播。正式开播的央视高清综合频道台标仍为“CCTV－高清”,作为中央电视台的第18套开路电视节目,该频道是第一个以高清晰度信号格式制作播出的开路电视频道。央视高清综合频道的节目构成主要包括体育节目、影视剧、专题片、纪录片、综艺娱乐节目、音乐戏曲节目、动画片、经济节目、广告(含包装、导视、宣传片)等。

2008年5月1日,北京电视台奥运高清频道在北京地区正式试播。北京电视台围绕频道定位,精选了几档优秀栏目进行高清套拍,整合的资源包括:体育中心播出的各种比赛、动画中心播出的《福娃奥运漫游记》等动画片、各中心为奥运会拍摄的奥运专题片《北京》《北京子年》《北京胡同》《奥运历程》《回顾奥运》《5名导演拍北京》等，以及北京电视台800平方米演播室改造后播出的所有节目。

2008年6月，央视高清综合频道在北京、天津、上海、沈阳、青岛、秦皇岛、广州、深圳8个城市免费开播，上海文广集团的新视觉频道、北京电视台的高清频道以及中影集团的CHC高清影院也已开播。

2008年奥运会期间，上海、天津、沈阳、青岛、秦皇岛等奥运会举办城市以及广州、深圳开始播出地面数字电视，同时转播了中央电视台的高清综合频道，推动了高清电视一体机的发展。

2009年，广电总局又批准了一批新的电视台加入到高清电视的行列，它们是：中央电视台第一套节目和北京卫视、上海东方卫视、江苏卫视、湖南卫视、黑龙江卫视、深圳卫视等7个卫视频道。这些频道于2009年9月28日开始高清、标清同时播出。计划要求第一年度的高清播出率高于50%，第二年度高于70%，第三年度达到全高清播出。

2009年底，经广电总局批准的高清频道已经达到了13个：中央电视台一套、北京卫视、上海东方卫视、江苏卫视、湖南卫视、黑龙江卫视、深圳卫视、广东卫视和浙江卫视等9个和原有的免费央视高清综合频道、上海文广集团新视觉频道、北京电视台高清频道和未开始收费的CHC高清影院。

通过梳理我国高清电视的发展历程，我们可以看出，近年来，我国高清电视的产业化进程不断加快。中央电视台高清频道的正式开播，意味着中国高清数字电视时代的全面来临。作为中国电视进入高清化时代的标志性频道，它将推动中国高清电视的蓬勃发展；与此同时，2008北京奥运会首次使用高清电视向世界全程转播，央视高清综合频道、北京台奥运频道等高清频道的陆续开播，成为中国电视高清化进程的加速器。于是,我国各大电视台在建设新的制播系统项目时,不再谨慎、观望,而是毅然将建设具有高清制播能力的系统作为首要的改造规划。由此可见,全国各地高清频道陆续开播之时,正是中国步入高清时代之际,以数字化为龙头的中国现代广播影视传播体系将谱写新的篇章。

第二章

我国高清电视产业发展现状

我国的高清电视在先后经历了探索研发、试验播出、产业启动三个阶段后,随着2008年奥运高清频道的开播,我国的高清电视正式进入了发展阶段。

在近二十年的发展历程中,中国高清电视产业现状如何?从高清电视内容角度来讲,随着新兴高端技术的不断投入,高清节目类型逐渐多元化,内容储备逐渐增加;从高清电视设备市场来看,各大广播电视机构和设备厂商不断加紧数字高清技术和设备的研发,高清技术日趋成熟,高清设备层出不穷,已完全满足了从前期高清摄录到后期编辑、传输、终端显示等各个环节的需求;从高清电视用户规模来看,随着高清电视商业模式呈现出多元化发展态势,产业链的上下游开始展开多方位协作,组成多方营销联盟,频道运营商联合高清电视机生产商、网络运营商、家电卖场、机顶盒生产商等,彼此分享渠道资源,利用上下游各自掌握的资源共同推动频道销售,推广高清节目内容,支撑高清电视内容产业所产生的高成本,由此减轻了电视台承担的高成本,为内容产业领域输入资金、循环运作形成了高清电视内容产业的良性循环,从而扩大了高清电视的用户规模。

下面我们将分别从我国高清电视发展政策、高清电视节目类型及储备、高清电视终端市场、高清电视用户规模几个方面来考察中国高清电视的产业现状。

第一节　我国高清电视发展政策

为促进我国高清电视发展,相关政策陆续出台。政策对于高清电视发展的引导主要体现在以下四个方面。

一、广播电视全面数字化政策加速高清电视的发展

根据国家广电总局的时间表,2006 年中国开展数字卫星直播业务,满足看不到有线电视的全国三分之二家庭的需求;"十一五"期间正式推广数字电视地面广播,至 2010 年,除西部地区外,全国县级城市基本完成向数字化的过渡,全面实现数字广播电视;2015 年全面终止模拟电视广播。

国家广电总局副总工程师杜百川提出,高清电视是数字电视的一项业务,是数字化发展的另一个制高点。整个高清电视产业的发展应该纳入数字电视发展体系,与整个数字电视系统协调发展。从这个层面来讲,数字电视的发展政策将影响到高清电视的发展,而广播电视的全面数字化,将加速高清电视的发展。

二、高清电视发展的时间规划

高清电视是数字电视系统的一项业务,发展高清电视必须遵循数字电视和付费电视发展的规律。"十一五"规划更是将数字高清电视列为数字化转换的一个真正标志。

国家广电总局在《“十一五”时期广播影视科技发展规划》中明确提出了“推进高清晰度电视和立体声节目制作播出。2008 年实现北京奥运会的高清晰度电视转播，2010 年全国达到 10 个以上高清晰度电视频道的节目制作能力”，并且不断鼓励有条件的电视台把现有频道节目以标清与高清两种方式同时播出。中国《信息产业科技发展“十一五”规划和 2020 年中长期规划纲要》中也指出中国要形成具有自主知识产权的高清晰数字电视技术和标准，实现高清电视的产业化发展。《广播影视科技发展“十一五”规划和 2020 年远景目标》中规划 2010 年中国开办 10 个以上高清电视频道，大力提高广播电视的立体声、环绕声节目的节目制作播出能力。

广电总局副局长张海涛在国家广电总局科技委八届四次会议上表示，在“十二五”期间，全国将具备制作播出 100 个高清晰度频道、10 个 3D 电视频道的能力。

三、明确高、标清同播的频道

从国际高清电视发展的情况来看，高清电视的发展是数字电视发展的方向，各国都根据国情纷纷由标清向高清过渡。根据通讯与媒体信息咨询公司的报告，到 2013 年，全球将有 2.14 亿户家庭接收高清电视节目，占电视家庭总数的 17%，因此高清晰度电视是电视发展的必然趋势。

对于我国的广播电视行业而言，提供内容丰富、品质更高的高清电视服务，是顺应潮流、满足需要的举措。国家广电总局按照中央领导同志关于加快高清电视发展的重要指示精神和广播影视总体工作安排，把发展高清电视作为工作重点，认真部署，加快推进，于 2009 年相继下发了《关于促进高清电视发展的通知》(广发〔2009〕58 号)和《关于促进高清电视发展的补充通知》(广发〔2009〕69号),明确了高清电视发展的原则、措施和要求,批准中央电视台新闻综合频道和北京卫视、上海东方卫视、江苏卫视、湖南卫视、黑龙江卫视、浙江卫视、广东卫视和深圳卫视进行高、标清同播。

四、加大高清节目制作、播出比例

在高清节目制作和购买方面,国家广电总局也加大了管理力度,要求影视制作机构要逐步加大电视剧、动画和专题片、纪录片等节目的高清制作比例。自2011年起,各影视制作机构完成的电视剧须有50%以上为高清拍摄制作;自2012年起,非高清拍摄制作的电视剧不得参评电视剧奖项。

为进一步推进高清电视发展,规范高清、标清同播工作,国家广电总局又继续下发了《关于进一步促进和规范高清电视发展的通知》,要求从2011年9月28日起,同播的高清频道高清节目同播率和高清播出率必须高于70%,同播的高清频道黄金时段(18:30~23:00)所有节目,包括影视剧、气象和广告等,必须全高清播出,力争2011年9月28日达到全高清播出的目标。

第二节　高清电视节目类型与储备

目前,就节目储备而言,我国高清电视的节目量和内容量都不断增加,取得了长足的进步。中央电视台与大多数地方电视台的高清节目储备已经超过总体节目储备的20%,各广电机构亦纷纷对高清电视节目进行了前瞻性的储备，高清电视节目的储备充分考虑了节目的规律性、价值、重播率、影响力以及类型。目前，我国储备和正在使用的高清电视节目主要分为以下六大类。

一、高清电视剧

早在2007年，中国采用高清拍摄、制作的电视剧就已接近5 000小时。目前，全国每年生产的电视剧约四分之一是用高清拍摄制作的，同时还生产大量的高清专题片和纪录片。中国国际电视总公司节目制作公司是中国最大的高清版权拥有者，拥有高清节目2 000小时。其中一大批作品热播，获得了观众的广泛欢迎，如《大宅门》《卧薪尝胆》《李小龙传奇》《大宋提刑官》等。

二、大型高清纪录片

大型高清纪录片是中国高清电视的又一类型。目前，中国已经制作完成的大型高清纪录片中，《故宫》《再说长江》《颐和园》《敦煌》等作品取得了良好的社会效益，产生了重大的国际影响。2008年7月1日庆祝香港回归10周年时也播出了高清纪录片《香港十年》。另外中、越、缅、老、柬、泰多国合作拍摄的大型高清系列片《澜沧江—湄公河》也已完成制作。

三、高清综艺节目

高清综艺节目包括2003年至2010年的各届春节联欢晚会、《奥林匹克文化节闭幕式》《中国日记》和《快乐非洲》等。综艺专题栏目有《新视听》《正大综艺》《旅游节目指南》《中华情》《中国国家地质公园》等。除此之外，高清综艺节目还收录积累了一批京剧、音乐会的高清节目素材。

四、高清体育节目

我国不仅大量收录了重要体育赛事的高清素材,如雅典奥运会、德国世界杯、多哈亚运会、2008 年欧洲锦标赛等。同时又对部分参加奥运会的运动员以及北京奥运会各场馆的建设过程采用了高清设备进行重点跟踪报道,积累了大量的高清素材和制作经验,为北京奥运会的成功高清转播奠定了基础。

北京奥运会期间,中央电视台为高清频道选择的转播项目,除开、闭幕式外,主要放在艺术体操、花样游泳、跳水、盛装舞步等可以充分展现画面美感的高清晰、高品质画面的竞赛项目上。实践证明,丰富多彩、贴近受众需求的特色节目内容服务,是高清电视在当今媒体市场的激烈竞争中扎根立足和持续发展的关键所在。2008 年北京奥运会的高清转播带给国内外广大电视观众的,不仅是高清晰、高品质的电视画面和顶级奥运赛事的精彩体验,更重要的是弘扬和传播了全人类共有的平等、尊重、奋力拼搏、积极进取的奥林匹克精神,在用这一全人类共有的宝贵文明成果团结凝聚世人的过程中,大大提升了高清电视的影响力和媒体自身的传播价值。

五、重大历史事件的高清拍摄

中央电视台首次应用高清晰度电视进行电视转播是 1999 年 10 月 1 日中华人民共和国成立 50 周年的阅兵式。近年来,中国重大历史事件和重要节目均采用了高清录像,如奥运会、国庆庆典、神舟五号、六号飞船的发射升空以及一些大型文艺活动等,部分新闻节目的高清摄制也在试验中。2009 年 10 月 1 日,我国建国 60 周年的国庆庆典也采用了高清技术进行拍摄与制作。

六、高清数字电影

数字电影是今后高清节目的一个重要来源，高清数字电影带来的强烈视觉冲击将彻底扭转人们对高清频道不如免费频道精彩的误解。

目前，中国采用高清拍摄的数字电影已有几百部，其中《梅兰芳》《苏乞儿》《未来警察》《长江七号》《建国大业》等广受赞誉，取得了可观的票房收入。另外，近万部库存的胶片电影的数字化也为高清频道节目提供了重要来源。

第三节 高清电视设备与终端市场

高清设备制造商主要包括高清制作设备供应商和以高清电视机和机顶盒为主的终端接收设备制造商。我国高清电视产业的发展还处于起步阶段，相对于内容提供商和网络运营商，高清设备与终端制造商在产业中表现出了极高的积极性，成为产业链中最活跃的力量。无论是从技术上来看，还是从市场表现来看，设备生产厂商的市场布局速度都远远快于产业链上的其他环节，成为推动高清市场的主要力量。根据 CMP 咨询公司的统计，高清产业规模中，以高清电视机和机顶盒为主体的高清终端设备市场规模占了市场总规模的 93.9%，而内容制作市场和网络传输市场仅占了总体规模的 1.2%。

从世界范围来看，同样是高清终端设备市场规模在市场中占优势，各国高清设备市场受到设备与终端制造商的极大推动，呈现出不断增长的态势。据美国市场研究公司 iSuppli 介绍，高清电视出货量将从 2007 年 9 710万台增长到 2012 年的 2.4 亿台，年复合成长率达 20%；到 2012 年时,非高清电视出货量将从2007年的1.15亿台降到2 310万台,年复合成长率为−27%。由此可见,高清电视市场与非高清电视市场差距悬殊。根据调查研究公司iSuppli的预测,高清电视的快速成长将带动高清机顶盒的增长,至2012年,高清机顶盒占全球机顶盒市场比重将从不到20%增长至50%,年复合成长率达36%。

我国高清电视设备与终端的发展,具有机遇与困境并存的特点。一方面,高清电视产业的发展为高清电视设备与终端的发展带来了新机遇、新增长点;另一方面,高清电视产业发展中的若干问题也阻碍了高清电视设备与终端的进一步发展。

一、高清电视等相关设备成为我国广播电视设备制造业一个新的增长点

近年来,我国彩电业陷入了困境。首先表现在增长乏力上。中国电子视像行业协会联合奥维咨询数据显示,2009年1~5月,我国共生产彩电3 355万台,同比增长率仅为0.3%。国内彩电市场零售量为1 511.4万台,同比下降20%;其中传统显像管彩电销量533.5万台,同比下降58%。其次,我国彩电业的困境体现在缺乏核心技术研发和关键器件制造实力。我国彩电业很难在上游产业获得发言权,以至于在下游出现了增量不增效的情况。国内企业的研发费用占销售额的比率平均只有日本同行业的1/5甚至1/10,通常采取模仿、使用世界上成熟技术的做法,而非自己研发。因此,我国整个彩电产业急需在新技术潮流的推动下进行产业结构的调整和升级。

高清电视是新时期电视发展的潮流。从国际市场的发展趋势来看,广播电视的数字化发展往往会为前端设备和终端产品提供巨大的发展空

间。高清电视是数字电视发展的亮点，其发展必将引起终端接收设备的全面更新与改造。

二、高清电视终端产量

高清电视产业的发展究竟能为我国广播电视设备制造商创造多大的市场空间呢？我们可以做一个简单的预测。

1. 高清前端设备市场需求持续增长

在高清前端设备方面，高清拍摄制作设备市场近年来一直处于增长态势。部分原因是我国各电视台正在加快台内数字化改造，加快建设高清电视节目的采集、制作、播出系统。电视台是高清制作设备的主要采购方，电视台要开始高清化制作，必须采购高清设备，设置高清摄影棚，建设高清节目发射系统，购买广播级高清摄像机、高清转播车、高清演播室、高清制作的包装系统等全套制作设备。电视台的采购将带动高清前端设备的快速增长。

2. 高清终端产品快速发展

国家广电总局提出了要“积极引导推动接收终端的发展。积极协调有关部门，大力推动相关厂商加快生产高清机顶盒和带有硬盘存储播放功能的高端高清机顶盒，带动电子产品制造业和民族工业发展”。

在终端产品方面，高清电视产业的发展将会带动电视机市场和机顶盒市场的快速发展，中国内地高清电视机、高清接收机（机顶盒）的年销售量已从2006年的500万台增长到2008年的1 500多万台[①],增长速度惊人。特别是在2008年,“奥运”和“高清” 成了中国彩电市场的两大核心词。奥运会催生了技术升级、高清信号落地、上游面板生产线调整以及渠道大力普及,从而加快了全高清电视在我国的普及化进程,为终端产品提供了巨大的发展空间,也极大地带动了电视机市场、机顶盒市场和其他数字高清终端的快速发展。

(1)高清电视机市场

高清电视机市场规模日益扩大

我国高清电视机供应商主要有日韩和本土厂商,近年来,以海信、创维、长虹、TCL、康佳、厦华为代表的本土厂商逐渐成为高清电视机生产的主力军。面对奥运会的契机,几乎所有的彩电生产厂商都将高清作为关键指标进行生产和宣传,如长虹、厦华、海信、TCL、创维、索尼、清华同方、LG等品牌。奥运年伊始,厂商相继推出了多款全高清新品,全线扩大了市场高清产品线。2008年4月初,索尼发布了BRAVIA系列的新机型,清华同方也推出了集视、听、应用多角度创新及时尚设计于一体的B76蓝牙液晶电视系列。2010年春季,索尼、长虹、康佳、海信等终端厂商更是推出高清电视新品,有力地扩大了高清终端市场。高清电视市场规模日益扩大。

高清电视机销售量大幅增加

在北京奥运会的强力推动下,我国平板显示器持续热销,且很多平板显示器都具有高清显示能力,内置我国地面数字电视国标的高清电视机在奥运会前就已经上市。2008年,中国彩电市场尤其是高清平板电视市场迎来了“销售沸点”。中国电子商会、中国家电市场联合调研课题组的

---

① 范金慧等:《中国高清产业发展状况及运营模式探讨》,《中国数字电视》2007年1月号(总第30期)。

《市场预测报告》显示，2008 年我国高清平板电视需求量已超过 800 万台，是 2007 年高清平板电视需求量的 2 倍以上。平板、大屏幕、高清晰度电视已成为 CRT 电视更新换代的主流产品，高清电视机形成了较大的消费市场规模，销售量大幅增加。

我国有将近 4.5 亿台电视机，以制造业的角度来讲，更换高清电视机的潮流将带来一个巨大的产业机会。相关研究机构预测，到 2013 年左右，我国市场上 52 英寸以下、分辨率为 1920×1080 的高清液晶电视机的价格将大幅度下降，我国将迎来高清电视消费的高潮。

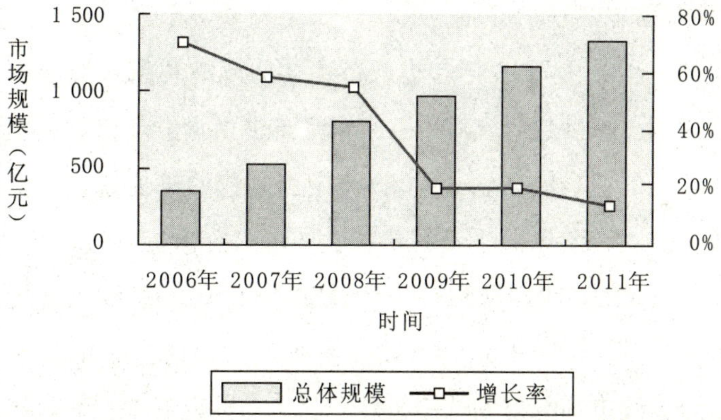

图 2-1　高清电视机市场规模增长趋势①

高清电视机价格不断下降

随着显示技术、播放技术等高清技术的规模化应用，高清平板电视机的价格呈现出逐年递减的态势，从而刺激了消费者的购买欲望，成为进一步推动高清电视产业发展的引擎。

---

① 数据来源：http://www.3eee.com/charge-reports/2007/03/22/120605.html#resume

2. 高清电视机顶盒

从机顶盒的角度来看,高清数字信号的解码和重现,关键在于终端接收器。由于数字电视标准尚未成熟和普及,电视生产厂家还没有在市场上出售配有解码设备的电视机。高清电视机顶盒(High Definition Television Set Top Box)用于接收高清数字电视信号,并将高质量的视、音频信号输出给高清电视机进行显示,能够解码、输出 1920×1080i/50Hz 或图像格式更高的视频信号,同时兼容标准清晰度数字电视信号,并能解码、输出多声道声音信号。

(1)机顶盒需求量逐步增加

我国机顶盒产业从 2010 年起进入市场结构调整和深入发展的又一个行业景气周期。据格兰研究对近三十家主流机顶盒生产企业和主流运营商访谈后得出的综合数据显示:2010 年中国制造的机顶盒总出货量保持稳定增长,2010 年前三季度,有线机顶盒的国内总出货量达到 2 143.8 万台,比 2009 年同期增加了 433.1 万台。2010 年 9 月底,我国有线机顶盒市场保有量达到 9361.8 万台,有线双向机顶盒市场占有率进一步提高,占 2010 年有线市场的市场份额超过 70%。与此同时,自 2008 年北京奥运会以来,我国高清电视进入了快速发展阶段,有线高清机顶盒迎来了发展期,截至 2010 年 9 月底,我国有线高清机顶盒出货量超过 150 万台[①]。在北京、深圳、上海、杭州、重庆、广西等地运营商的带动下,2010 年底国内有线高清机顶盒出货量达到 300.6 万台[②]。

---

① 格兰研究:《2010 年中国机顶盒市场与技术白皮书》,http://wenku.baidu.com/view/ad57bc20af45b307e.8719744.html

② 数据来源:http://www.wuhucatv.com/gsjj_xx.asp? leftid=133

(2)机顶盒价格更符合消费者心理预期

2011年,高清机顶盒价格大约在500～600元/个,通常由广电有线网络运营商采购机顶盒,将其赠送给订购节目的用户。

关于机顶盒的价格,在政府相关政策的促进下,一些国际芯片巨头已经准备推出专门针对中国市场的高清机顶盒芯片,大幅降低高清机顶盒的成本,以支持中国高清机顶盒市场的普及工作。这将使高清机顶盒价格贵的问题得到了一定的解决。随着高清机顶盒的价格逐渐降低,逐渐符合用户的消费预期,高清机顶盒的市场需求将进一步扩大。

(3)其他高清终端

除此之外,下一代家用播放机Blu-ray或下一代EVD都瞄准了高清晰度电视的市场。蓝光已经是新一代计算机的标配,新一代微软操作系统Win7也已经具备了家庭高清多媒体终端的性能。高清正将推动笔记本电脑和手机的更新换代。

三、制约高清终端市场发展的问题

目前,我国高清电视市场终端的发展存在若干问题,并在一定程度上阻碍了高清电视产业的发展。

1. 高清标准缺失造成终端市场混乱

任何产业,如果没有统一的标准,就会引起一系列问题,导致产业走向无序和恶性竞争,最终损害消费者市场。统一的产业标准有利于产业的健康发展。高清电视产业由于早期标准缺位,后期又迟迟未能完善等原因,造成了高清终端市场鱼龙混杂、竞争无序的状况,主要表现为高清终端产品用词不规范不严谨,存在“小高清”、“准高清”、“全高清”等不同说法;产品性能参数标示不明,重要的关键指标漏标;演示效果达不到高清要求,且设备不配套。高清电视机市场的混乱给消费者造成了不良印象,从而阻碍了他们的消费行为。

关于高清电视机,商品化的三类高清显示器(CRT显示器、液晶LCD平板显示器、等离子平板显示器)必须达到以下要求:最大亮度参数——等离子屏达到1000cd/m²,液晶屏达到500 cd/m²以上;对比度参数——液晶屏达到2000:1以上,动态对比度达到10000:1以上;响应时间参数——CRT显示器与等离子屏可达到0ms,液晶屏达到约2ms;帧频——60和120以及100Hz等;分辨率参数——以1920×1080p为佳,1920×1080i的清晰度约为1920×1080p的60%~70%;物理点距参数——CRT显示器有0.35mm、0.28mm、0.15mm;色域参数——应满足国际IEEE对高清显示器的要求,色域为目前标准CRT显示器色域的2倍;接口方式——应有多种应用接口,并有多个高速数据接口,如USB接口,有的高端产品有2个以上HDMI接口,以方便与其他高清设备相接。鉴于显示器必须达到全部要求,因此目前市场上见到的所谓高清显示器或高清电视机并非全都达到了高清标准。

2006年国家信息产业部发布了《数字电视接收设备术语》等25项电子行业标准。《数字电视液晶背投影显示器通用规范》从2007年1月开始正式实施,规定水平清晰度达到720线以上的电视机才属于高清电视机,而当时只有部分液晶电视机以及50英寸以上的等离子电视机才能达到这一标准,其他电视机基本达不到这一标准。除了清晰度以外,高清电视机还包括电路、亮度、对比度、运动图像拖尾时间等50多个指标。高清电视机国标出台后,又造成了新一轮的市场洗牌。然而此标准只是推荐性标准,只能作为引导企业制订企业标准的基础,缺乏强制性。

关于高清制作摄录设备,其标准参差不齐,而且有些设备无法配套,因而在一定程度上制约了高清电视产业的发展。

总体看来，目前已有的高清标准主要集中在制式、接口、有线、无线传输等领域，制作、交换以及某些设备的标准还未确定，而这些标准对设备和终端制造商都很重要。曾有国家广电总局广播电视规划院广播电视中心相关人员指出，高清设备标准空缺较多，包括高清摄像机、高清编码器、高清非编、高清转播车、高清播出服务器等标准有待制定。对于信源压缩编码，具体在什么样的场合用哪一种信源标准，现在还没有一个明确的标准，特别是对于一些新的压缩算法，我们一直在做相应的研究和测试。

2. 高清设备与终端制造缺乏核心技术

目前，我国高清设备与终端市场上既有国外厂商，也有国内厂商。我国电子制造业长期缺乏核心技术与创新的弊病，同样体现在高清电视上，我国高清设备与终端制造商处于高清制造业的非核心环节。

从高清前端制作设备来看，目前我国高清制作设备市场以日系索尼、松下和法国汤姆逊三分天下，国内厂商所占份额很有限。尽管为了顺应数字电视快速发展的趋势，各省级台、城市台曾在过去几年积极采购高清设备，兴建高清演播室，进行高清节目的制作，但在该过程中，国内厂商很少参与高清前端制作设备的生产。从产品销售规模角度看，索尼在中国做得最大，市场规模约占一半以上。从产品种类来看，汤姆逊的产品线最长，但缺记录设备；而松下只有记录设备。

从高清显示器来看，目前国内平板电视市场由国产品牌主导，说明国内的电视生产技术已经达到了一定的水平，并得到了广大消费者的认可。然而国内高清电视生产商缺乏核心技术，处于全球彩电制造链的下游，从事的是技术含量较低的整机生产，上游的显示面板和数字芯片技术都掌握在国外厂商手中。缺乏创新与差异化，使绝大多数国内平板电视生产企业将注意力集中到了价格战和低层次的功能竞争上。

在高清机顶盒市场上,天柏、创维、九洲、同洲、银河等30多家企业为主要生产商,但是国内厂商在数字芯片上还主要依赖IBM、飞利浦、富士通等国外厂商;此外,本土厂商的CA系统生产技术也与国外有一定的差距。

我国高清设备终端制造业大多承接发达国家的低附加值产业环节——组装加工、低附加值配件。这种运营方式将会使我国高清设备终端制造业处于无利或微利的地步,而长期缺乏市场盈利又会使制造业置身于低研发、营销投入的怪圈。与此同时,跨国公司却控制了全球产业中的高附加值产业链环节——标准、专利、营销、渠道、核心部件生产,处于高利润率状态。如何提高我们在高清电视技术链条中的地位,形成"自主创新"的技术优势,将决定我国高清电视产业在国际博弈中的地位和角色——是处于下游的"用户",还是掌握主动权的"制造者"。

3. 内容短缺阻碍设备与终端市场发展

我国高清设备市场已经率先启动,高清电视机价格基本可以被用户接受,这无疑有利于发展我国高清电视的终端市场。然而,高清内容的短缺却限制了高清用户市场的发展,进而限制了终端设备市场的扩大。

从高清电视产业链来看,高清内容位于产业上游,是高清发展的源头。但是,作为高清内容主要来源的电视台和制作公司,却在高清电视的数量和质量上都无法满足产业发展的需要。目前,中国的高清节目年生产能力为1 600小时左右,近几年国内高清节目总数累积为6 000多小时,全国有深圳电视台高清娱乐频道、中视传媒央视高清综合频道、上海文广集团新视觉频道、电影频道节目中心CHC高清电影频道、北京卫视高清频道、东方卫视高清频道、深圳卫视高清频道、江苏卫视高清频道、湖南卫视高清频道、浙江卫视高清频道、广东卫视高清频道、黑龙江卫视高清频道、天津卫视高清频道13个频道。部分高清频道存在自制节目短缺和炒冷饭的现象。由于高清频道缺乏规模用户群，无法带来广告收入，所以电视台基本不考虑将优秀节目放在高清频道播出，从而使高清频道的内容愈加匮乏；内容匮乏反过来又导致已有用户的流失。如此往复，恶性循环，进而导致高清节目创作市场发展滞后，影响了产业下游设备生产商的市场规模。

高清内容短缺制约终端市场发展的情形在其他国家高清电视产业的发展历程中也曾出现过。自日本在模拟时代开发出模拟高清系统MUSE，美国和欧洲各国对高清的态度也经历了从冷漠到重视再到全力推进的三个阶段。任何一个国家开展高清业务都需要三年以上时间的助跑，至终端形成几百万台的电视机规模，电视台的采编播设备高清化后，导演和制片人才会有兴趣拍摄制作高清节目。

我国高清产业的发展必然是高清设备先行，高清内容紧跟，盈利模式成形，最终达到产业的良性循环。目前，由于我国正处于数字化改造与高清发展重合的关键路口，资金匮乏，上下游断层等问题不可避免。然而，设备与终端市场到位之后，高清节目如果还不能相应地发展起来，必将极大地阻碍设备与终端市场，尤其是终端产品的进一步普及。

第四节　高清电视用户规模

国内数字电视用户迅猛的增长，为开播高清频道后的用户普及打下了坚实的基础；而且目前高清用户在数字电视用户中渗透率不高，因而发展高清用户的市场潜力很大。高清数字电视是数字电视发展的更高层次,只有当数字电视普及到一定程度,才有可能实现从标清到高清的提升。我国数字电视整体转换正在加速,数字电视用户增长迅猛。

2009 年 5 月 18 日发布的《2009 年中国广播影视发展报告》(广电蓝皮书)透露,2008 年全国有线广播电视用户达 1.64 亿户,其中数字电视用户 4 527.86 万户、付费数字电视用户 449.34 万户,分别比 2007 年增长了 7%、68.57%和 156.19%。在国家广电总局整体转换政策的促进下,数字电视用户规模在"十一五"期间的增量达到了 8 000 万户以上,每年数字电视用户新增量均在千万级以上并稳定上升。

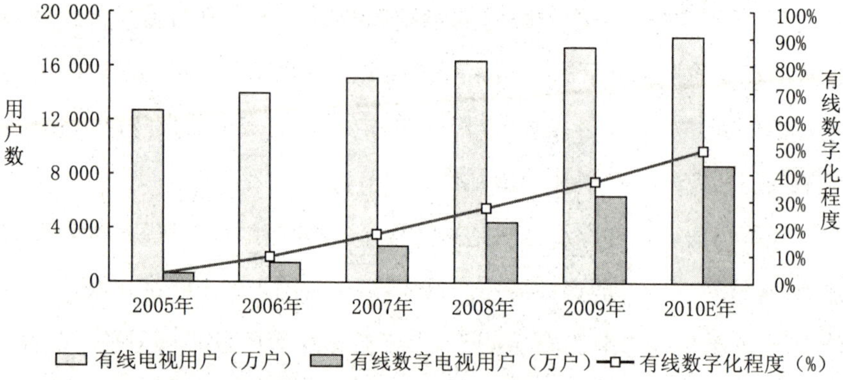

图片来源:格兰研究(Guideline Research)。

图 2-2 2005～2010 年我国有线数字电视用户数量增长状况①

据业内权威研究机构格兰研究(Guideline Research)统计:截至 2010 年 8 月底,我国有线数字电视用户达 7 880.5 万户,有线数字化程度达到

① 数据来自杨升、张德鹏:《高清电视发展的国际国内环境分析》,《广播与电视技术》2009 年第 5 期。

45.30%(有线电视用户基数为 17 398 万户[①])。这进一步说明我国数字电视用户规模在不断扩大。

截至 2009 年 3 月，全国有 229 个城市进行了数字化整体转换，其中 106 个城市已完成整体转换，广西、宁夏的城市已基本实现数字化，北京、天津、青海、海南、贵州、吉林等地城市有线数字电视用户的比例已超过 50%。

以上海数字电视用户的发展为例，据《中国有线数字电视用户发展研究报告》报道，2008 年上海有线数字电视用户已突破 80 万户，2010 年 12 月 10 日，上海有线数字电视用户突破 200 万。[②]

同时，高清电视作为数字电视的一项业务，其发展必须与我国有线电视的普及和数字化的进程相协调，必须遵循数字电视和付费电视发展的规律。2008 年我国全面开展地面高清的传输，为高清电视的发展带来了机遇。从国内高清电视的发展历程可以看出，2007 年以前，国内高清数字电视尚处于市场培育期，在 2008 北京奥运会承诺高清转播的推动下，2008～2010 年国内高清电视进入快速发展期。2008 年，中国有线高清数字电视用户市场规模为 9.2739 万户；2009 年，中国有线高清数字电视用户市场规模为 53.7 万户；截止 2010 年 12 月 31 日，中国有线高清数字电视用户市场规模已达 310 万户。预计 2012 年我国有线高清数字电视用户数量将达到 750 万户。

---

① 数据来源：中华人民共和国国家统计局：《2009 年全国国民经济和社会发展统计公报》

② 数据来源：http://v.youku.com/v_show/id_XMjI5MTU1NTU2.html

第五节 我国高清电视个案分析

一、中央电视台——专注资源优势,打造产业影响力

高清电视的产生与发展,不仅是设备的更新与技术的演进,还意味着市场的开拓培育和产业链的完善以及资源的整合。通过对中国高清电视发展的重要参与者——中央电视台、上海文广集团以及深圳广电集团的研究,我们发现,几个主体除了积极进行高清电视的必要基础设施建设,如中央电视台新大楼的高清演播室建设等,其发展的特点主要体现在市场运作和产业结合方面,或可成为中国高清电视发展的经验借鉴。

通过对央视高清频道发展的研究,我们发现:首先,国家重大事件是其发展的重大推力;其次,内容资源是央视高清频道的核心竞争力所在;凭借这两个优势,中央电视台已成为在产业上游具有较强影响力的一环。但央视高清影视频道的失败也提醒我们,高清电视的成功不仅需要优质资源,还需要产业上下游的整体运作,而在这一方面,中央电视台仍有很大的努力空间。所以本节我们将通过对央视高清影视频道失败和高清综合频道开播两个事件的归纳,来呈现和分析中央电视台在高清电视发展过程中的优劣势。

1. 央视高清影视频道

1999 年国庆 50 周年之际,中央电视台进行了我国第一次高清电视

试验转播，虽然当时只是试播两个小时，但却开创了我国大型活动高清电视实况直播的先例。

2005年9月1日，央视高清影视频道试播，由中视传媒与中数传媒合作运营，前者提供内容后者负责传输，盈利以7:3进行分成。该频道于2006年1月1日正式播出，每天播出18个小时，高清节目储备达3 500小时以上，每年新增800小时，采用加密付费的方式传输，面向高端的小众。

该频道的节目分为七大类，涵盖电视剧、电影、电视电影、音乐节目、时尚节目、体育节目和纪录片。内容来源是将中央电视台收视率前列的栏目进行高清化改造，加上众多著名体育赛事独家转播权，以及从韩国、日本、美国独家购买的高清节目等。

2008年4月，中视传媒股份有限公司发表重大事件声明，宣布退出央视高清影视频道业务，从而宣告了该频道的终结和失败。根据该项声明，中视传媒称退出该项业务的主要原因是过低的收视费分成难以支付高清节目的制作成本，使公司运营面临巨大的压力。按照预期，2006年应发展用户10万户，收入1亿元人民币，扣除本地网分成，中视传媒和中数传媒的收入应为5 000万元人民币。事实上，中视传媒年报数据却表明，高清频道用户产生的收入仅有300万元人民币，大部分收入来自于电视厂商捆绑销售获得的收入；2007年虽然用户收入有较大增加，但由于捆绑销售协议已经过期，总体收入反而下降了很多。

业内认为该频道失败的原因在于：高昂的高清频道收视费；重复的节目内容；高清频道高昂的制作投入传输成本；各地广电对高清数字电视的轻视乃至歧视；各地广电数字电视标准不统一，导致高清机顶盒生产成本和销售成本过高，而高清机顶盒又未列入数字电视转换的采购项目，根本无法批量生产。

当时,上海文广集团新视觉高清频道、深圳高清频道都在市场和产业方面积极发展,中央电视台借奥运会之机开办免费高清频道的部署也已在规划之中。可以说,中央电视台付费高清频道的失败,不只是其本身或者个别运营商的失败,而是因为中国高清电视市场和产业两方面的发展程度,以及远未成熟的运营模式不足以支持付费高清频道的发展。

2. 中央电视台高清综合频道

2008 年的 1 月 1 日,由于我国高清电视机的普及呈现了爆炸式增长,同时为了配合奥运高清转播,央视高清综合频道(台标"CCTV－高清")开始试播,在北京地区率先通过数字地面广播方式进行传输。央视高清综合频道是一个公共的开路频道,观众可以免费收看。央视高清综合频道成功地完成了北京奥运会期间 28 个比赛项目以及开闭幕式的传播。

2008 年 12 月 10 日,中央电视台总工程师丁文华表示,中央电视台将在高清电视频道运营上采取长期免费策略,不向观众收费。未来中央电视台将会在现有高清频道的基础上进一步增加频道,中央电视台一套(CCTV－1)、中央电视台二套(CCTV－2)等普通频道将会逐步高清化,使广大观众看到更多的高清内容。

2008 年,央视高清综合频道播出的节目类型主要有电视剧和数字电影(320.5 小时)、纪录片和专题片(56.5 小时)、体育节目(体育直播类 590.5 小时,体育录播类 219 小时)、综艺戏曲节目(153.5 小时)、科教节目(200.5 小时)等五大类,累计首播时长约 1 541 小时。各类节目时长比例如图 2－3。

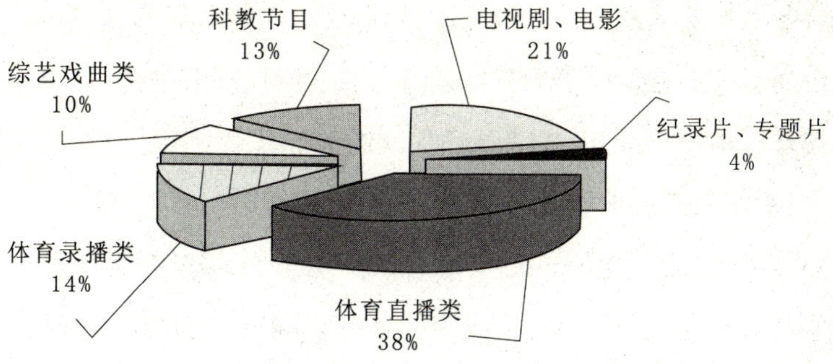

图 2-3　央视高清综合频道各类节目时长比例

体育直播类节目占了央视高清综合频道内容的重要分量，其已播出的节目主要有：《人文地图》(30 分钟)、《探秘》(30 分钟)、电视剧《井冈山》(每天 2 集，共 36 集)、《民歌中国》(30 分钟)、《快乐驿站》(30 分钟)、纪录片《中华文明》(共 10 集，每集 46 分钟)、《同饮一江水》(共 20 集，每集 45 分钟)、实况录像《2006 多哈亚运会》(90 分钟)、《CCTV 音乐厅》(90 分钟)、《神州大舞台》(60 分钟)、《正大综艺》(60 分钟)、《大宅门》时长(共 40 集，每集 45 分钟)、《圣火耀珠峰》(直播，约 6 个小时)。

央视高清综合频道已播出的节目有：《再说长江》(33 集，每集 28 分钟)、《故宫》(12 集，每集 30 分钟)、《香港十年》(8 集，每集 45 分钟)、《CCTV 空中剧院》(190 分钟)、《梦想剧场》(60 分钟)、《星光大道》(60 分钟)、《对话》(58 分钟)、《鉴宝》(58 分钟)、《新视听》(60 分钟)等等以及电视剧《王昭君》《天下粮仓》《五星大饭店》《大汉悲歌》《紫玉金砂》。

北京奥运会前，中央电视台高清综合频道对 2008 年欧洲锦标赛进行了全程直播(6 月 7 日至 29 日)，让观众提前享受了高清电视带来的巅峰赛事体验。北京奥运会期间，频道全程转播北京奥运会开闭幕式和各项奥运赛事,成为“奥运高清频道”,奥运会之后纳入了新闻节目。随着中央电视台各栏目高清改造的陆续完成,以及引进高清节目的日益丰富,中央电视台高清综合频道将分为日常编排、周末编排、长假编排、播出季编排、主题编排等,以充分的内容储备和强大的制作优势,满足受众的个性化、多样化、专业化需求。

归纳起来,中央电视台高清综合频道的节目内容资源有两个:一是大型事件如奥运会、国庆阅兵式等的独家直播权;二是投拍制作的电视节目以及已有节目的高清化。已经有调研表明,大型体育赛事直播是高清电视中最具用户吸引力的业务,而中央电视台在这方面具有垄断资源优势。同时,作为高清电视高端用户喜爱的纪录片节目,中央电视台的资源与资金平台也使其在高清纪录片内容生产方面具有强大的竞争力。

根据中国网络电视台 2011 年 1 月 5 日发布的《CCTV－高清频道 2010 年度报告》,截至 2010 年 8 月 10 日,央视高清综合频道有线用户市场规模已达到 210 万,覆盖人口约 1 亿。报告对比数据显示:2009 年央视高清综合频道有线高清用户增速达 480%;在进行调研的全国 200 家有线网络运营商中,开通高清频道的省网和地网有 134 个,其中接入央视高清综合频道的有 125 个,占总数的 93%;2010 年世界杯赛事的高清转播,观众对央视高清综合频道的关注度持续上升,这为频道提高知名度、扩大影响力打下了良好的受众基础。

二、上海文广集团——探索市场需求,注重产业联合

地处经济繁荣、商业文化发达的长三角地区,上海文广集团(以下简称“上海文广”)在高清电视的发展中更注重通过探索挖掘用户需求

来培育市场，注重通过与产业内下游企业的合作来共同推进高清电视的发展。

1. 新视觉互动

上海文广互动电视公司于2006年1月1日正式成立，2007年开播，付费形式，每天播出15小时，节目储备1 000小时以上，节目类型包括高清电视剧、电影高清纪录片、高清情景剧、高清体育直播及高清风光旅游等。上海文广互动电视公司还将陆续推出时尚类、综艺类、文化访谈类、新闻类甚至互动类等高清电视栏目。

在高清发展的进程上，上海文广分三步走：第一步是在2010年实现制作上的完善，包括前期制作、前期采集以及演播室和后期制作；第二步是2011～2013年之间在传统播出上进行高清发展，开辟6个高清频道；第三步是2013年之后计划在高清的内容管理上加以完善，做高清投资。

可以看出，上海文广高清频道在内容方面更贴近高端用户的需求，其着力发展的国际时装秀，以及准备引进的NBA转播权，均体现了其对市场需求的密切关注。

2. 产业链下游合作

上海文广在推广其新视觉高清频道时选择了一条与中央电视台截然不同的模式——上海文广选择了和全球知名芯片厂商德州仪器合作，并利用了德州仪器与上广电、创维、长虹、TCL等彩电厂商的战略联盟，从而将其合作范围扩大。

另外，对于中央电视台将120元/月的收视费以及初期市场推广费以高清认证的方式转嫁给企业的做法，上海文广也持异议。因此他们坚持将收视费让利给地方网络公司,以共同扩大用户覆盖。

2007 年 3 月 15 日,上海文广与海尔集团宣布结成战略合作伙伴,共同在高清电视研发体系、营销体系和服务体系展开深度合作。这是高清内容提供商与高清设备、服务提供商之间实现的第一次战略合作,双方从消费电视产品、智能家电、媒体节目内容、信息娱乐资源等多方面入手,利用双方各自在产品、内容、技术、营销、渠道、服务等方面的一系列优势,展开多方位的战略合作。

作为双方战略合作的开始,海尔推出了首款与上海文广共同定制的高清电视 INNOV。海尔集团副总裁喻子达表示,海尔也将由此启动其子品牌 INNOV,生产专门针对高端消费者的产品。

上海文广副总裁张大钟表示,双方的合作效果将主要体现在三个方面:

首先是高清内容的提升,内容提供商和设备提供商之间的无缝对接将突破长期以来因高清电视领域内容、运营和设备提供商分散经营带来的不兼容问题,为消费者提供更好的高清电视体验。以首款 INNOV 的设计为例,上海文广多年来在新媒体领域积累的经验就为海尔提供了很多支持。

其次,双方在营销上的合作已经开始,上海文广将在其家庭购物栏目中销售海尔的 INNOV 高清电视,并且在将来还可能专为家庭购物消费者度身定制产品;而海尔高清电视也将与上海文广新视觉高清频道及高清机顶盒捆绑营销。

此外,张大钟也表示,相对于向来以内容提供商为角色的上海文广来说,客户服务是海尔的强项,通过与海尔的合作,上海文广可以与消费者更密切地沟通,使自己在消费者服务方面得到提高与加强。

目前,能收看高清频道数最多的地方是上海,共有 17 个高清频道。

其中原有的10套为免费高清频道，分别是中央电视台一套、北京卫视、东方卫视、江苏卫视、湖南卫视、黑龙江卫视、深圳卫视、广东卫视、浙江卫视和中央电视台高清频道；两套付费高清频道，分别为新视觉高清频道及CHC高清电影频道；加上上海有线网络运营商东方有线网络有限公司全新引进的5套高清频道：高清都市剧场、高清劲爆体育、高清搏击、高清娱乐前线和高清点播影院。

三、深圳广电集团——占据先机，经营灵活

作为我国于2000年指定的首个高清电视发展试点城市，深圳广播电影电视集团（以下简称“深圳广电集团”）早在2003年就开办了国内第一个高清电视频道——深圳高清频道，2007年更名为高清娱乐频道。

频道开播之初，每天只能播出两个小时，受限于内容资源的不足以及市场认知和接受程度不够，在2003～2007年间，深圳高清发展缓慢。

目前，高清娱乐频道每天播出15个小时，每档节目会在一天内不同时段播出3次。主要栏目有《经典集萃》《视听冲击波》《新视听影院》《先锋剧场》《流行风暴》《看天下》等。内容包括娱乐时尚、人文纪录片、影视经典、旅游风光等，节目通过有线网覆盖深圳近70万用户。

2010年1月，深圳广电集团与索尼中国专业系统集团迎来了一个新的合作里程碑。索尼中国专业系统集团在深圳广电集团高清频道项目的招标中中标，将向深圳广电集团提供20多台XDCAM HD422高清专业光盘摄录一体机等配套节目编辑制作设备。这批产品包括PDW－700高清专业光盘摄录一体机、PDW－HD1500高清专业光盘录像机、PDW－

U1专业光盘驱动器和PMW－EX1R XDCAM EX高清摄录一体机等。采购的设备将全部用于深圳广电集团的高清新闻节目制作。此举标志着深圳广电集团真正进入了使用高清XDCAM家族产品覆盖新闻摄录编等各个环节的新记录媒体时代,并为深圳电视台的高标清同播乃至未来的全高清化打下了坚实的基础。

第三章

国际高清电视发展概览

从全球范围看，高清电视已经获得一定成功。据美国市场调研机构 SNL Kaga 调查报告显示：全球排名前 10 位的高清电视市场（美国、日本、英国、澳大利亚、巴西、加拿大、法国、德国、意大利和墨西哥），其用户市场业务收入目前已超过 10 亿美元，2016 年将增长到 120 亿美元[①]。

在用户规模方面，据 Informa 公司的调查报告显示，至 2008 年底，全球已有 4% 的电视家庭收看高清电视，这意味着全球真正收看高清电视的家庭已从 2007 年底的 2 450 万户上升到了 2008 年底的 4 400 万户，一年中增加 1 900 多万户，增长 78%。据 Informa 公司预测，到 2012 年，全球真正收看高清电视的家庭将达到 1.79 亿户，占全球电视家庭的 16%，是 2008 年的 4 倍[②]。

从各个发展区域来看，根据 Nielsen（尼尔森）公司发布的美国全国高清电视家庭渗透率统计数据，截至 2009 年 2 月，已经有 33%以上的美国民众拥有高清电视机，而 2008 年同期的数据为 19.3%。这些家庭不仅接收高清电视服务，大多还拥有高清电视机和高清调谐器。这个数目仍在不断增长中。

日本高清频道主要应用于新闻和体育转播等，高清电视用户已超过 1 000 万，全高清平板电视的普及率超过 45%。日本的高清电视服务主

---

① 杨升、张德鹏：《高清电视发展的国际国内环境分析》，《广播与电视技术》2009 年第 5 期。

② 润雨：《HDTV 和 TPTV 成为机顶盒市场快速增长的主要驱动力》，《卫星电视与宽带多媒体》2009 年第 2 期。

要由 NHK 等几家传媒机构提供,NHK 于 2010 年实现了 100%高清,并计划于 2011 年 7 月停止高标清同步播放。目前,日本开播的高清频道约有 24 个。

在欧洲,截至 2009 年 2 月,共有 5 900 万户家庭拥有数字高清电视机,可以收看超过 130 套数字高清电视节目。仅就英国而言,2010 年已有 1 000 万英国家庭拥有了高清电视机。由 Informa Telecoms and Media 发布的研究报告称,到 2011 年,全球拥有高清电视的家庭数量将增长到 1.51 亿户。届时,美国的高清比例将达到 59%,日本达到 66%,西欧国家达到 30%①。

可见,高清电视产业在全球的发展势头良好。

第一节 美国高清电视发展路径

美国于 1998 年 11 月开播数字电视,2001 年开始发展高清电视,2007 年 DirectTV 和 Dish Network 开始发展卫星高清电视,2009 年基本关闭了所有的模拟电视,全面进入数字高清时代。美国的高清电视产业中,卫星运营比较成功,大部分高清频道以付费模式为主。

由于政府的强力推动,美国高清电视发展迅猛,高清节目越来越多,各大电视网黄金时段的高清节目比例也越来越大,美国成了全球高清发展速度最快的国家,目前已经进入高清电视稳步发展的阶段。

---

① 数据来源:http://findarticles.com/p/articles/mi_m0EIN/is_2006_March_23/ai_n26804084/

一、政策视角:促进高清电视发展的有效政策

1.传输政策

1990年,美国联邦通信委员会(FCC)提出发展全数字高清电视系统的三条原则:(1)放弃信源兼容,坚持信道兼容,即在高清电视与普通电视并存的过渡时期内采用同播制;(2)频谱利用上与普通电视兼容,即高清电视信号能在美国现有的6MHz广播信道中广播;(3)高清电视的地面广播从禁用频道开始(禁用频道往往是该地区普通电视使用的频道的邻近频道或邻接地区正在使用的频道),因此,高清电视广播接收要具有抗普通电视干扰的能力,同时也能尽量避免对普通电视形成干扰。

2.硬性要求电视网提供一定比例的高清节目

联邦通信委员会要求:ABC、NBC(全国广播公司)、CBS、Fox(福克斯)、HBO以及Showtime等各大电视网到2003年底在黄金时段提供的高清或数字电视节目不少于50%,2003年1月1日起100个大的地面电视网必须播出标准没降低的数字电视信号(申请高清就要播出高清),到2006年必须要有高清广播;各有线电视网从2003年1月1日起在50%的黄金时段必须提供5套高清或标清的免费数字电视节目,提供或销售的有线数字机顶盒要有数字接口(1394/5C和/或DVI/HDMI),要向订户推广数字电视;2003年1月1日起各卫星电视网在50%的黄金时段必须提供5套高清或标清的数字电视节目。

3.向制造商、零售商提出电视机规格要求

联邦通信委员会要求:到2004年7月1日,电视机制造商和零售商

50%的36英寸以上电视机要有数字电视调谐器,到2005年7月1日达到100%;到2005年7月1日,50%的25～35英寸电视机要有数字电视调谐器;到2006年7月1日,所有尺寸的电视机都要有数字电视调谐器;到2007年7月1日,所有电视机、VCR、DVD设备要有DTV调谐,此外,销售的视听设备都要配备数字接口(1394/5C和/或DVI/HDMI)。

4.面向公众,政府开展数字电视行销

联邦通信委员会于2007年10月4日宣布其开通了一个有关美国数字电视信息的网站(www.dtv.gov),从而拉开了名为“数字电视——快点实现”活动的序幕。据称,该网站将向美国人民全面介绍美国电视从模拟到数字转化的进展情况,为美国人民提供有关数字电视的“一站式服务”,指导人们如何购买高清电视、如何收看高清电视,预告数字电视节目,并回答人们就数字电视提出的各种问题。据悉,联邦通信委员会将与高清电视机生产商、销售商和电信公司等有关部门合作,帮助美国人民尽快获得高清电视机和数字信号,以便收看数字电视节目。

二、产业链格局:高清电视产业链各主体概况

近几年,美国的高清电视产业发展迅速,产业链结构发展已相对完整,并表现出强大的经济提升和带动作用。在带动传统电视产业链升级换代的同时,美国高清电视产业还不断地吸纳了更多非传统电视产业的高科技行业的渗入,如电子游戏行业、电脑行业等,使其产业链格局不断壮大。

1.内容提供商

美国的高清节目内容来源有多种途径,除了有各大电视网、卫星电视

运营商、有线电视运营商提供的高清电视节目外，还有由苹果、微软等电脑公司提供的在线高清收视服务，微软提供的 XBox 高清游戏，以及以时代华纳、索尼电影公司为代表的为下一代 DVD 提供的高清影碟。目前，主要的内容提供商包括：ABC、CBS、FOX、NBC、PBS、WB、UPN、Cinemax HD、Discovery HD 等。具体情况如下：

(1)ABC(美国广播公司)ABC(SHOWS)高清电视频道

ABC 是美国首屈一指的电视网络公司，其中的 ABC(SHOWS)高清电视频道是美国民众的收视冠军。高清频道分为电影及电视频道。ABC 平均每天播放 16 小时高清节目，目标是使高清电视节目达到黄金时段的 60％。①

ABC(SHOWS)高清频道之所以成为全美最受欢迎的高清频道，主要原因就是电视剧。大受欢迎的肥皂剧《疯狂主妇》和医学情景剧《实习医生》在各时段分别赢得了 18～48 年龄段的最多观众。其中晚间 22：00 档的《实习医生》成为最受关注的电视剧，平均收看人数 2 240 万，收视率 9.9/23；《疯狂主妇》收看人数 2 210 万，收视率 9.0/21。②

ABC 高清电影频道循环播放环球、迪斯尼以及时代华纳等公司的高清节目，还同时播放一些经典电影，这些电影通常在周六晚上 20：00～23：00播放，也称为 ABC 每周电影，这也是多数美国人周末的电影时间。

此外，ABC 的新闻节目类似国内中央电视台的新闻联播，也是美国最知名的新闻广播节目。③

(2)NBC(全国广播公司)④

NBC 涉足高清电视的历史已经超过 15 年，著名剧集《仁心仁术》便

---

① 资料来源：http://article.pchome.net/content－294457.html

② 同上。

③ 同上。

④ 资料来源：http://article.pchome.net/content－294457－2.html

出自这家电视广播公司。

早在上世纪 90 年代,NBC 就参与了美国最早的高清电视的标准制定,并于 1992 年在华盛顿开播了全球第一个同步传输数字高清电视和模拟信号的电视节目。目前已经有超过 79 个 NBC 直属或附属的电视台开播了数字电视节目。

NBC 的王牌高清电视节目包括晚 7:00 的时事节目《日界线》,收视观众 590 万,收视率 1.4/5;新一季《白宫风云》,收视观众 730 万,收视率 1.9/5;犯罪悬疑电视剧《预见乔丹》,收视观众 780 万,收视率 2.2/5。《预见乔丹》从 1990 年 9 月首播至今一直保持着极高的收视率,平均观众 760 万,收视率 2.0/5。另外还有 WB 制作、自 1994 年开播并获得过创纪录的 21 项艾美奖的剧情类连续剧《仁心仁术》。

美国人除了特别喜欢刑侦剧之外,还喜欢娱乐节目.例如《今晚秀》这个 NBC 老牌综艺节目类谈话节目。现任当家主持 Jay Leno,以其大胆幽默的风格深受广大观众喜欢,每一期节目都会邀请两位娱乐圈嘉宾接受他面对面的采访。

(3)CBS(哥伦比亚广播公司)①

CBS 对高清电视最为热心,每周的平均广播时间为 27 小时,较有影响力的剧集有"Cold Case Files《铁案悬证》"及"CSI《犯罪现场调查》"等。

到 2009 年,CBS 刚好走过 75 周年历程。这家老牌的电影公司是美国四大广播电视网络之一,几乎全部黄金时段都播出高清电视节目,除转播高尔夫球和橄榄球比赛之外,平时白天还播放电视剧。

CBS 的王牌高清电视节目——晚 20:00 点的《铁证悬案》,新一集的平均观众为 1 220 万,收视率 2.7/7;21:00 的重播平均观众为 980 万,收

---

① 资料来源:http://article.pchome.net/content－294457－5.html

视率 2.6/6。晚间 21：00 重播的《犯罪现场调查》，纽约平均收视率 2.5/6。

(4)PBS(美国公共广播公司)高清频道[①]

PBS 成立于 1968 年，负责管理国会对公共台的拨款，协调公共台之间的关系，但不能制作和发行节目。PBS 由 170 个社区组织和 340 个电视台构成。这 170 个社区组织包括 87 个社团组织、57 所大学、20 个州政府以及 6 个地方教育或市政机构。PBS 必须保持中立并公平地反映政府、政党、个人、宗教、社会团体和营利团体的声音，不接受广告和商业赞助，从会员电视台收取会员费，辅以政府、大学、组织和个人的资助来维持营运。PBS 很早就开始了高清电视节目的制作，于 2005 年 3 月初开始向全美的 PBS 所属电视台分配称做 PBS HD 的高清电视专门频道。

(5)Showtime 高清电影频道[②]

Showtime 高清电影频道隶属于美国 Showtime 网络公司。凭借在网络技术上的优势，它在视频点播方面较其他电影频道更有优势。观众除了可以通过高清电视机观看到精彩的高清电影之外，还可以通过互联网享受该公司提供的视频内容。Showtime 高清电影频道采用 1080i 规格的视频格式，杜比 5.1 播放音频格式。

(6)KOMO 高清体育频道[③]

KOMO 高清体育频道的节目在 2003 年 8 月就开始通过 COMCAST 有线电视公司免费向其用户开放。KOMO 高清频道比较受欢迎的节目有《足球 KOMO 4 NEWS》《千面女间谍》和《纽约重案组》等。其新闻和体育节目大部分采用高清电视规格播放，其深夜的某些收费节目通常是

---

① 资料来源：http://article.pchome.net/content－294457－4.html

② 资料来源：http://article.pchome.net/content－294457－3.html

③ 同上。

成人节目,也是采用高清电视。

2. 网络运营商

美国的高清电视网络运营商主要包括卫星运营商和有线运营商:卫星运营商共有5家,以DirecTV和EchoStar为代表,向美国50个州的人口提供高清电视节目,覆盖广泛,并开始进军本地市场;有线运营商以Comcast、时代华纳、COX为代表,已覆盖到全部排名前100位的目标市场。

(1)DirecTV[①]

截至2008年12月31日,DirecTV公司为订户提供服务的高清电视频道已从2007年底的89个快速增加了41个,达到130个。DirecTV系统现拥有在4个直播卫星轨位上运行的8颗DirecTV系统直播卫星,为美国50个州的电视家庭和商业用户传输分发总数约885个的数字电视和广播频道,包括125个基本娱乐频道、31个优质电影频道、25个以上的地区和专业体育电视网、600个本地频道、35个西班牙语及中文等国际频道、55个按次付费电影频道、14个高清电视频道以及交互式电视频道和增值服务。

为了更好地拓展市场,DirecTV公司根据不同地区、不同收视群体对节目服务的不同需求,采取了灵活的市场营销和发展策略,提供电影、体育、音乐、家庭及儿童、PPV频道、本地频道、高清电视、国际节目等不同类型的节目包,供用户按需订购。DirecTV系统的两大服务特色是本地频道服务和高清电视服务。

2008年底,DirecTV公司开始提供ABC、NBC、CBS以及FOX四大

---

① 资料来源:http://blog.sina.com.cn/s/blog_620ea0460100exh7.html

广播网的本地高清电视频道服务，从 2007 年底的 68 个市场快速扩展到 116 个市场，可覆盖 87％的美国电视家庭，全年拓展了 48 个新市场。进入 2009 年以来，该公司又先后在另外的 6 个市场推出本地高清电视服务。到 2009 年 4 月，DirecTV 公司提供的本地高清电视服务已扩展至 122 个市场，可覆盖 89％的美国电视家庭。另外，从 2008 年 12 月起，DirecTV公司率先在芝加哥、纽约、休斯敦等 24 个城市推出本地公共电视高清节目服务，即增加播放公共广播系统（PBS）或公共电视台协会（APTS）的本地高清电视频道，这项新服务 2009 年也在其他城市推广。

DirecTV 公司目前主要通过近年来发射的 Spaceway F1/F2 以及 DirecTV10/11这 4 颗高功率 Ka 波段电视直播卫星传输全国性高清电视频道和地方性高清电视频道，这 4 颗卫星均采用点播束技术以及世界上最先进的 DVB－S2/MPEG－4 标准，DirecTV11 卫星用于传输全国性高清电视频道以及部分本地高清电视频道。2009 年 4 月 15 日，DirecTV 公司宣布正式为用户提供 1080p 格式的高清电影节目传输服务。订户经由 DirecTV ＋ HD DVR 接收机的 DirecTV on DEMAND 界面，初期可以接收 30 多部按片付费（PPV）的首映影片，享受真正的高清电视家庭影院体验。

（2）EchoStar[①]

Dish Network 是美国第二大卫星运营商 EchoStar 旗下的公司，通过 9 颗在轨直播卫星实现对美国 50 个州的覆盖，为全美提供数百个频道的数字视音频节目及数据信息的卫星业务，并不断推出新的服务。Dish Network 采用十分灵活的营销策略：既向美国不同地区提供具有地方特色的卫星电视节目服务，又针对不同收视群体推出相应的“节目包”。节

① 资料来源：http://www.catr.cn/scgc/ywsc/t20060827_421209_1.htm

目包大体上分为基本节目包、本地频道、按次付费(PPV)频道、高清电视、体育节目、国际频道及阿拉斯加节目包、夏威夷节目包等大类,每类节目包又细分为若干个小节目包供观众订购,不同节目包支付不同的收视费。

Dish Network 高清节目的接收机有两种形式:第一种是高清录像机,既可作为数字录像机又可作为高清机顶盒,可同时支持两台电视机的工作(一台高清电视、一台标清电视);第二种是高清机顶盒,为只有一台高清电视机的家庭服务。

在频道阵容方面,2009 年三四月间,Dish Network 公司先后两次对全国性高清电视服务的阵容进行了扩充,3 月 12 日增加了 Showtime、Showcase HD、SHO2 HD、The Movie Channel HD 等多个新频道;4 月 10 日又引进了 BET、CMT、Comedy Central、MTV、Nickelodon、Spike TV 和 VH 1 共 7 个频道,从而使该公司提供的全国性高清电视频道阵容赶上并超过了 DirecTV 公司,达到 135 个频道。

在市场覆盖方面,Dish Network 公司所提供的 ABC、NBC、CBS 以及 FOX 四大广播网的本地高清电视频道服务也在 2008 年快速扩展了 49 个市场,从 2007 年底的 35 个增加到 84 个市场,可覆盖美国 76%的电视家庭。2009 年第一季度,该公司大力加强了这项服务的推广,只用了大约 3 个月的时间,就在另外 46 个新市场推出了本地高清电视服务。至 2009 年 4 月 1 日,Dish Network 公司提供的本地高清电视服务已扩展到 130 个城市,可覆盖 89%的美国电视家庭,赶上甚至超过了 DirecTV 公司。

在高清技术方面,2008 年 8 月至 11 月,Dish Network 公司宣布并分 3 批率先在纽约、华盛顿、芝加哥等 61 个城市通过 EchoStar 3/6/7/8/11/12(原名 Rainbow 1)卫星,采用最新的 MPEG－4/AVC 技术未定化传输高清电视以及标清电视节目。2009 年 2 月,该公司通过承租的加拿大新卫星 Ciel 2，也采用 MPEG－4/AVC 标准传输全国性高清电视频道和本地高清电视频道。为了满足用户对高品质、全高清节目服务的需求，从 2008 年 8 月起，Dish Network 公司推出了包括 1080p 格式高清电影在内的 100％全高清电视节目的 Turbo HD 服务。2008 年 12 月 31 日，该公司宣布扩展这项新服务所提供的 1080p 高清电影以及其他高清电视节目的阵容。

除卫星运营平台外，美国的有线电视网自 2002 年起也开始提供高清电视服务，从 2003 年开始，美国有线电视在提供高清电视节目方面猛然加速。ESPN（娱乐与体育节目有线电视网）建起了最大的高清电视管理中心，拥有 5Peta 字节存储容量的 28 个控制中心。而 ComcastSport 从 2003 年就开始提供 200 种高清电视游戏。2005 年，有线电视运营商与公共电视台签署了协议，使得地方有线电视节目可通过有线电视系统传输到全国。如今，有超过 30 个有线节目网提供全天或部分时间的高清电视节目，节目丰富多彩，包括新闻、体育、电影等。

3. 设备供应商

美国高清产业目前共有 120 家设备供应商，包括 LG Electronics 和 Draper 等，它们提供从 LCD、PDP、LCOS、DLP、DVR、显卡以及游戏设备到机顶盒等各环节设备的生产制造。这些设备商满足了高清电视市场对设备的需求。

三、经营观察：美国高清电视运营概况

从美国 1998 年底开播全球第一个高清频道开始计算，美国的高清电视发展走过了 13 年的历程。

美国是高清电视发展最快的国家,目前拥有200多个数字高清频道,通过地面、卫星、有线三种方式传播高清节目。卫星直播电视公司播出150套高清频道,有线电视的高清频道已经超过30个,而美国的六大电视网(ABC、CBS、NBC、FOX、WB和UPN)皆提供高清电视节目。

美国在黄金时段播放的电视节目,约有80%是高清电视节目;在重大体育赛事中,50%以上的节目为高清节目。美国橄榄球、棒球、冰球、NBA、纳斯卡赛车等体育赛事则常年采用高清直播,形成了强大的内容供应和自主生产能力。在电视剧方面,CBS、FOX、HBO等一直就拥有强大的制作能力,进入高清时代后,他们又制作了大量高清电视剧。

美国高清电视的传输方式可划分为三个部分:直播卫星、地面无线和有线电视网络。从现在的情况看来,这三个部分呈现出的景象基本上是:直播卫星领跑高清,有线凭借传统的庞大的订户基数也占据较大市场,地面无线则因先天不足(带宽不足)发展较为缓慢。DirecTV与EchoStar两大直播卫星电视服务供应商快速拓展用户需求量大的本地高清电视市场,并对市场份额展开激烈的争夺。相对于一般只有10个全国性高清电视频道的有线电视系统而言,直播卫星公司提供的高清电视频道不仅数以几百个计,而且节目具有本土特色。这凸显了直播卫星在美国高清电视市场上正占领着制高点,并引领着市场的发展潮流。

美国家庭接收高清电视节目的方式有以下几种:通过数字卫星广播提供的高清电视节目,原有的卫星接收用户只需每月多付10美元就可以升级收看高清电视节目;通过有线电视接收,超过75%的美国家庭都至少被一个高清节目有线运营商所覆盖。现在,美国有90%的电视台开始制作高清节目,播出节目中的55%是高清节目,其中黄金时段高清节目播出率占到了 85%。[①] 此外，美国高清电视全部采用 1080i(1920×1060)，杜比 5.1 环绕立体声标准。

美国的高清电视被认为在很大程度上已经取得了成功。2006 年，美国消费者购买的高清电视机的台数首次超过了模拟电视机的台数，达到 1 590万台，从而使得高清电视机的使用率达到了 26%。[②] 根据媒体与市场调查公司 Screen Digest 的报告，到 2010 年，美国使用高清电视机的家庭会占到电视机家庭总数的 59%，计 8 000 万台。此外，高清节目的销售也取得了新的突破，形成了新的商业模式。在美国，高清节目已经走进家电大卖场。Circuit City 是和沃尔玛齐名的连锁商场，在美国的连锁店超过 700 家，目前在 Circuit City 购买一台高清电视机，就可以获赠 6 个月的高清节目。

总之，在美国政府的强力支持下，美国高清电视直接从模拟电视向高清数字电视转换，减少了标清数字化这一步，并且以免费模式启动市场，在市场相对成熟后再逐步开展高清付费频道和高清点播业务。随着高清内容的逐渐丰富和市场吸引度的增加，美国高清电视市场得以快速、成功地发展。

第二节　日本高清电视发展路径

2003 年 12 月，日本公共电视台 NHK 在东京、大阪和名古屋开始了完全采用高清技术的数字地面广播；2004 年 11 月，J－COM 宽带公司开始向札幌地区提供 Star 频道的高清电影服务——称之为“Star 高清晰度

---

① 数据来源：http://www.23class.com/ask/view_944.html

② 张帅：《美国高清电视业务稳步扩展》，http://media.people.com.cn/GB/40641/5359754.html

频道”,这是日本首个有线高清电视服务;至2006年底,在日本播出的高清电视频道增至21个;至2009年,在日本播出的高清电视频道达到上百个;目前日本全高清平板电视的普及率超过45%。

日本高清电视的运营渠道以数字地面广播和卫星为主,盈利模式以免费为主、收费为辅。日本高清频道主要应用于新闻和体育转播等,高清电视用户目前已超过1 000万户。

日本是高清电视的早期接受者,是高清电视发展的引领者。美国市场调研机构SNL Kagan最新的一份报告称,2009年,日本已经成为全球最大的高清电视用户市场,而美国的追赶速度最为迅猛。

一、政策视角:高清电视发展政策

1.MUSE模拟高清电视制式的政策背景

进入到20世纪90年代后,数字高清电视已成为大势所趋,日本却一直抱着模拟高清电视不放,造成这种状况的原因,可以从日本高清电视的政策制定上去找。

(1)日本高清电视政策的制定模型

日本高清电视政策的制定模型包括四个方面的主要代表,分别是以NHK为首的广播电视公司、邮政和电讯部(MPT,邮政省)、国际贸易和产业省(MITI,通产省)以及像索尼和日立这种目前已全球家喻户晓的跨国制造商,接下来是广电技术协会(BTA)以及其旗下的高清电视委员会(HDTC)。邮政省在1985年发起的广播电视技术协会(BTA),是由广播电视公司和制造企业控制的政府咨询组织,功能上相当于美国的高级电视委员会。

(2)NHK 在政策制定中的主导地位

与协会中其他同伴相比,NHK 是第一个,也是最早的高清电视技术的发起人和推动者。NHK 开发高清电视,既有完成日本民族使命的部分原因,同时也有为其带来作为公众广播电视公司更高收益的考虑,因为像高清电视这样的新的广播电视服务,往往意味着观众收视费用的提高。

作为广播电视技术协会的成员,NHK 同时还在日本邮政省制定的高清/MUSE 制式硬件的制造商中扮演着重要的角色。

1986 年,日本广播电视技术协会成立了一个高清电视协会(HDTC),专门研究高清电视的制作和传输标准。高清电视制作的参数标准,最初是由 NHK 15 年的技术研发所掌控的,而对用于卫星传输的 MUSE 压缩系统,NHK 更是用了很长时间实现其标准化。日本邮政省 1991 年 3 月采纳了两种标准作为日本高清晰度电视广播系统的基本标准,无论是作为制作系统的研发者,还是传输系统的研发者,NHK 都占有不容忽视的重要位置。目前,高清节目约占 NHK 所有节目数量的 80%,NHK 在东京、大阪和名古屋的节目 90% 以上为高清节目。

另外,据美国市场调研机构 SNL Kagan 的报告称,NHK 已经开始考虑将其高清电视项目免费开放。可以预见,如果这一政策正式出台,必将引发日本高清市场的另一次发展高潮,进而影响亚太地区和全球市场。

(3)政府决策者的利益平衡考虑

不管对于日本国内还是潜在的出口市场,高清晰度/MUSE 系统如果能够成功,日本邮政省(MPT)和通产省(MITI)都会获得明显的政治上的利益。但由于资金投入如此浩大,加上过去政策的藩篱,再加上已经存在模拟高清/MUSE 系统这样一个非常关键的事实,因而日本的决策制定者不愿意考虑选择数字高清电视。

2. 数字高清晰度电视制式的政策选择

虽然直至1993年日本才终于承认数字高清晰度电视将成为大势所趋,但因为不愿意在未来数字高清电视的国际竞争中受制于人,于是开始研究全新概念的电视广播ISDB(综合业务数字广播)。1994年11月,在国际电联无线电通信部门会议上,日本决定采用MPEG－2作为数字电视广播的技术基础,正式开始迈向数字电视。但日本并不愿意一下子抛却模拟高清,所以采取了“两条腿走路”的办法:一方面积极研制自主开发的数字ISDB系统,努力争取国际电联对该制式的承认(ISDB于2000年才勉强得到ITU——International Telecommunication Union,国际电信联盟,简称“国际电联”——的正式批准通过);另一方面继续采用模拟高清/MUSE系统传输和播出高清电视节目,2007年彻底停播模拟高清。

二、产业链格局:高清电视产业链各主体概况

日本的高清电视发展时间较长,产业链也相对比较完善,NHK和五大商业电视台承担着内容提供商的角色,频道集成商主要由I－HITS和JC－HITS这两大公司负责,网络运营商则由卫星服务提供商、有线运营商以及电信运营商共同组成。

1. 内容提供商

日本高清电视的内容提供商包括NHK和5家商业电视台。NHK在上世纪80年代末就开始制作试播高清电视节目,所以NHK在2000

年和5家私营电视台开始高清电视广播时，已经有了很多高清电视节目的积累。NHK播出的节目都是真正的高清节目，但5家私营电视台却因为投入的设备不足，节目的积累也不够充足，所以播出时几乎都是从标清节目变换而来的。

以高清电视为核心的地面数字电视于2003年12月在东京、大阪和名古屋三大城市开播，半数以上的节目是高清节目，2004年又进一步向城郊扩展。现在，NHK公司在这三大城市的节目90%以上是高清节目；东京商业广播机构的节目50%是高清节目。①

如今，日本几乎所有的节目都是用高清电视标准来考虑、制作和播出的，高清也成为人们的基本收视标准。

NHK共有3类电视节目：最高端的是数字高清，24小时播出，100%为高清；中间是数字综合节目，80%是高清，如果把人的起居时间按早上5:00到夜里24:00计算的话，则高清节目量超过90%；低端的是教育节目，以标清为主，高清占30%。由此可见，NHK的节目已经达到了高清化。②

NHK的重点在新闻，目前在新闻领域投入了433台高清摄像机，其中东京110台、日本其他地区261台、海外派驻机构62台，用的设备是HDW－700和HDW－750，相关后期制作也全部采用高清。

2.频道集成商

频道集成商I－HITS公司和JC－HITS公司向有线电视运营商提供NHK的全国性高清频道节目。③ JC－HITS和I－HITS是日本两家

---

① 数据来源：http://www.dvbcn.com/2006－3/9－16907.html

② 数据来源：http://wenku.baidu.com/view/49d35d4ac850ad02de804177.html

③ 数据来源：http://www.dvbcn.com/2006－3/9－16907.html

较大的直播卫星公司,分别通过 JCSAT 4A 卫星和 SuperBird C 卫星为有线网络和 DTH 用户传输 64 个和 54 个电视频道。

3. 网络运营商

(1)卫星服务提供商

卫星服务提供商 Sky PerfectTV 公司于 2000 年 12 月通过卫星提供数字电视服务,包括高清电视。这家公司率先为其约 300 万用户推出了 24 小时播出的高清频道。[①]

(2)有线电视运营商

日本最大的有线电视运营商 J—COM Broadband 于 2004 年 11 月在日本率先推出有线高清服务,该服务包括 Star ChannelBS、StarChannel Classic 以及 Star Channel HV 这 3 个频道,月收费 1 570 日元(不含税)。有线电视运营商已经意识高清电视的价值,因而增添了地方高清频道,以形成差异化服务,增强自己的竞争实力。

(3)电信运营商

日本一些电信运营商也进入电视领域,开展高清电视服务,以便与有线和卫星运营商竞争。YahooBB!、KDII 和 NTT 公司已经宣布,计划未来向它们的 xDSL 和 FTTH 用户提供多个高清频道,而 Japan Telecom (日本电信公司)则将为全球的电视广播机构提供未经压缩的高清传输服务。日本电信公司认为,随着欧洲高清电视市场的出现,市场对更高速度的内容传输服务的需求将会增加。[②]

---

① 数据来源:http://www.dvbcn.com/2006—3/9—16907.html

② 同上。

三、经营观察:日本高清电视运营概况

NHK是日本高清电视的发起者和主要推动力量,可以说,NHK的高清电视发展代表了日本高清电视的发展,日本的高清电视发展脉络就是以NHK的高清举措串联而成的。

目前,NHK正在进行从模拟到数字的转换,两种播放形式共存。NHK的核心地面频道——公共频道中约96%的节目,教育频道中约42%的节目是用高清制作和播出的。日本的高清数字卫星频道已于2000年12月投入使用,现在已经实现全天24小时播放高清电视节目。

1.NHK高清电视节目内容制作状况

(1)高清电视节目类型——重视高清新闻节目

NHK的重点在新闻,NHK最强的部门也是新闻,投入最多的也是新闻,仅在新闻领域投入的高清摄像机就达到了433台,采用的设备是HDW-700和HDW-750,后期制作也全部是高清。[1] 而且这个数字还不包括综合、专题和特别节目所采用的设备。图3-1为NHK高清电视节目各类型比例示意图,可以看出,新闻节目的比重非常大。

(2)高清电视节目的灵活制作方式

NHK的高清节目主要由NHK自己拍摄或与其他国家合作拍摄,其所有的自然、历史节目均用高清制作。NHK认为,场面宏大、色彩靓丽、立体感强的场面适合用高清制作;微观的场面也适合用高清制作,不能忽略,要突破标清节目的制作习惯。

---

① 数据来源:http://wenku.baidu.com/view/49d35d4ac850ad02de804177.html

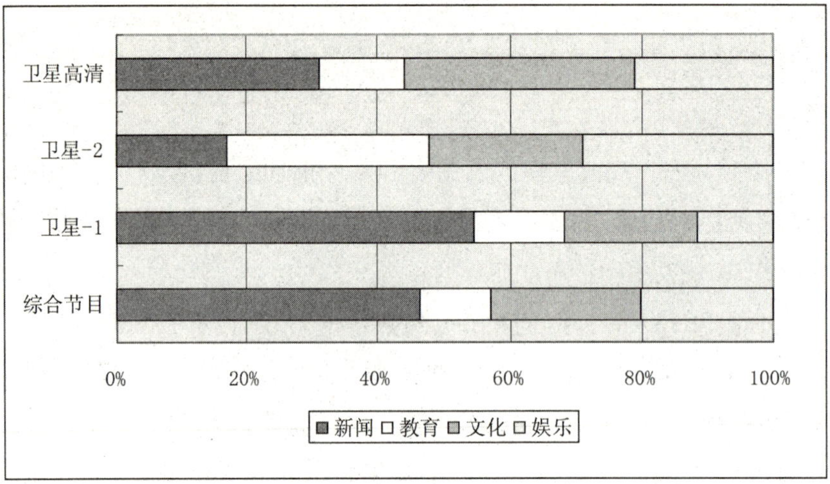

图 3-1 NHK 高清节目类型比例①

NHK 电视网正在致力于发展一种新的界于电视和电影之间的杂交模式,其内容将不仅适用于 NHK 在黄金时段 110 分钟的高画质(Hi Vision)时间段,还适用于一系列 52 分钟的纪录片。目的是开发能在国际市场上销售的新内容,比如 The Giant Panda: Lost Mountains In Qinling(《大熊猫》)。这是 NHK 与 TeleImages International(国际电视图像公司)以及 Natioanl Geographic Channels International(美国国家地理频道)联合制作的,其设想就是联合制作的每一方都能从共同拍摄的素材中制作出各自需要的 110 分钟和 52 分钟版本。②

(3)NHK 的高清节目国际交易市场广大

NHK 领导着世界高清节目的制作和广播,它制作的纪录片,如《狂

① 数据来源:《高清晰度电视发展战略和政策环境研究》,http://wewku.baidu.com/view/e13fba37a32d7375a417801a.html

② 唐顺荣、青胜兰:《影视娱乐节目走向世界　国际青睐亚洲内容》,http://www.ccmedu.com/bbs/dispbbs_33_7775.html

野的秘密》(Wild Secrets)和《世界艺术博物馆》(Art Museums Of The World)同样远销到亚洲以外的国家和地区。随着高清电视在全球的迅速发展,NHK高清节目的国际需求量将越来越大,尤其是美国对高清电视节目的需求量很大。NHK卖给美国卫星电视服务商VOOM种类繁多的高清节目,而其美国合作方还期望能再增加10个新的高清电视平台。①

2. NHK电视收费情况

关于NHK的高清收视费情况,目前了解到的情况有几点:一是日本电视的收费方式;二是NHK模拟卫星频道的收费方式;三是日本高清电视项目的免费趋势。

日本电视分"硬"性收费和"软"性收费两种方式。所谓"硬"性收费,即用户需要使用专用解码器,有条件接收,如WOWOW频道;所谓的"软"性收费,即在播出时不加扰,无需专用的解码器和有条件接收,每月定期收取一定的收视费。NHK的收费方式采取的是后者。

NHK的BS－1、BS－2两套卫星节目每月收视费为1 395日元。家中装有BS接收器的用户一般都会自觉交费。若想在日本收看NHK的节目,用户可去设在日本各地的代办征收点,征收点也会派人上门征收。据NHK的调查显示,日本也有不少人在家中安装了天线白看,吃从不付钱的"免费午餐"。

此外,BS卫星播出10个频道,WOWOW和STAR台须付费收看:WOWOW台每月2 415日元;STAR台与CS卫星合并收费,每月1 890日元,加上月租费410日元,合计2 300日元。CS卫星还有40多个频道,

① 唐顺荣、青胜兰:《影视娱乐节目走向世界 国际青味亚洲内容》,http://www.ccmedu.com/bbs/dispbbs_33_7775.html

另外收费。

在日本,NHK 已经开始考虑将其高清电视项目免费开放,而在美国、加拿大和法国,运营商却在考虑如何把高清电视的付费模式设定得更为合理,以吸引更多的客户。

日本早在 2000 年 12 月 1 日就正式开播了数字高清卫星电视,是目前亚洲地区所有开播的高清电视节目中画质最好、卫星高清频道最多的国家,高清电视用户数量超过 1 000 万。日本国内的高清电视服务主要由 NHK 等电视台提供,大部分电视台的高清电视是免费的,只有 WOWOW 等一些民营卫星电视台须付费才能收看其电影、体育或成人专用节目。除了高清电视机,日本从 2008 年初开始放宽了对用于电脑高清电视卡的审查,所以价廉物美的高清电视卡一下子走进了千家万户。

3.技术投入

为了给观众提供更富冲击力的真实体验,2008 年,NHK 的研究人员开发并展示了数字视频系统研究样机,称做超高清视频系统 Super Hi-Vision。该系统获得的图像分辨率比现在采用的最先进的视频广播技术的分辨率高 16 倍。[①]

该系统可以从摄像机或硬盘存储器中读取视频流并把它发送到显示屏上,该系统的摄像系统由一个摄像头和一个连接 16 个光学高清晰度串行数字接口的控制单元构成。摄像头使用 4 个 1.25 英寸、800 万像素的 CMOS 图像传感器,它们分别用来捕捉红光(1 个)、蓝光(1 个)和绿光(2 个)。NHK 公司称,对于视频摄像来说,这种新的图像捕捉系统能以每秒 60 帧的速度处理 800 万像素的图像,NHK 开发该系统是为了搜集有

---

① 数据来源:http://www.asiatvro.com/html/200811/Msg17736.htm

关心理效应的量化数据，然后利用这些数据开发广播系统，提供超高清视频服务。[①]

据NHK公司称，Super Hi-Vision系统可以用来提供超真实的“沉浸”观看体验，例如体验由电视直播或转播的体育赛事。超高清视频系统显示的图像具有4 000水平扫描线，而目前的数字高清电视技术只能提供1080水平扫描线，标清广播电视只有625线。[②]

总之，在日本，政府、产业界一致强烈主张支持向前推进高清电视，将之作为日本争取电子消费品国际领导力的关键因素，从而形成了合力。人们普遍认为数字电视就是高清电视，电视节目的制作、传输、播出等均以高清为标准，这也大大促进了高清电视在日本的普及。同时，NHK注意明确自己最擅长、最与众不同的方面，如电影、体育、音乐等，全方位展开高清电视的推广活动，比如开展高清DVD的海外发行、数字影院等。随着超高清晰度电视的研究不断深入，日本高清电视在全球高清市场的霸主地位日趋明显。

第三节　欧洲高清电视发展路径

欧洲向高清电视的推进比较缓慢。欧洲广播业者在上世纪90年代初尝试过高清屏幕制造，但数字技术不够先进。2006年之前，欧洲主要是为美国及其他市场制作高清内容，2005年之前只有Euro 1080提供高清服务，Euro 1080通过卫星和有线向拥有机顶盒的欧洲观众提供体育和娱乐混合节目。

---

① 资料来源：http://www.asiatvro.com/html/200811/Msg17736.htm

② 同上。

2006年的德国足球世界杯成了欧洲高清电视发展的转折点,它不仅改写了欧洲高清电视的历史,而且也是世界高清电视发展进程的重要里程碑。德国Premiere公司首先于2005年12月在德国开播高清电视,欧洲其他许多国家的开播则是在2006年。广播机构、付费电视运营商、节目制作公司和设备制造商都想利用世界杯这个有利时机开办高清服务。从2005年下半年到2006年底,特别是在2006年世界杯开赛前后,西欧13个国家的20多家公司开办了商业性高清电视服务。①

在欧洲,几乎每个国家都可以收看到高清电视节目,但大部分高清电视节目是付费收看节目。目前,高清节目正处于快速发展期,其中英国和法国发展较快。

目前,欧洲的27颗卫星传输190多个高清电视频道,共有5 900万户家庭拥有数字高清电视机,可以收看130多套数字高清电视节目。② 欧洲高清电视的发展主要是通过推广国际重大体育赛事来实现的,目前已有25%左右的欧洲家庭购买了高清电视机,高清电视机家庭已经超过1 000万户。欧洲高清电视的运营渠道以数字地面广播和卫星为主,主要是付费电视,德国、法国和英国的广播机构是欧洲高清电视开播的引领者。

一、政策视角:促进高清电视发展的系列政策

1. EBU制定高清电视政策

欧洲高清电视政策的主要制定者是EBU(欧洲广播联盟),它除了主

---

① 数据来源:http://business.sohu.com/20070523/n250179879.shtml

② 数据来源:http://www.asiatvro.com/html/200906/Msg20239.htm

持制定高清电视的相关技术标准外，还负责主持召开高清电视论坛。除了直接的政策制定者外，欧盟在推动欧洲的高清电视发展中也起到了不可忽视的作用。欧盟重视发展高清电视由来已久，这在其前身——欧洲经济共同体——的政策中就有所体现。1989 年，当时的欧共体理事会发布了“89/337/EEC”和“89/630/EEC”两份决定书，其中指出了高清电视对于欧洲消费类电子器具和影视产业的战略重要性，决定为在欧洲开办高清电视业务建立战略框架，并由欧共体委员会、各成员国和有关的产业部门紧密合作，制订行动计划。1992 年，欧共体理事会又发布了关于欧洲卫星电视直播和有线电视采取通用高清电视标准的“92/87lEEC”指令，其中要求各成员国采取一切适当措施，以促进并支持先进的卫星直播服务的研发及开办，并在欧共体研究计划的框架内整合它们的研发力量，使欧洲始终处于世界数字电视制式研究新进展的前沿。指令还提出，鉴于有线电视对高清电视业务的未来至关重要，卫星直播和有线电视运营机构以及制造商必须按照“89/337/EEC”决定书取得协议。

2.欧盟提出的亟待制订的法规和政策

欧盟为促进高清电视产业在本地区的快速发展，从高清电视节目版权、高清电视频道规划、高清电视内容产业等方面开始着手制订相关法规和政策。

(1)营造良好的竞争环境

欧盟鼓励竞争以使消费者获得良好的服务；营造良好的竞争环境，以保护为发展高清电视而投入的巨额资金。

(2)防止盗版

为了促成高清电视市场从小众市场向大众市场发展，使广电机构和硬件软件制造企业可以依靠规模经济效应降低服务收费和设备售价，欧洲的相关产业必须制作大量具有吸引力的优质高清电视节目和音像制品,但是盗版者利用数字技术可以做到无损伤的多代翻录,因此必须用法律和技术手段防止盗版。

(3)为地面无线高清电视划定可用的频道并制定有关的法规

西欧国家历来实行电视收视许可费制度,以支持公营广电机构,使这类广电机构在面临商业广播电视台依靠新技术手段提高吸引力之际能够保持其不败的地位,这是关系到是否能保持执政权的大事,因此欧盟成员国政府近几年来都在引导公营电视台实现数字化。但是,地面无线电视可用频道中的很大一部分必然被标清电视占用着,而移动电信产业又要求分享模拟制式电视台在数字化以后腾出来的频道。因此,如何安排地面无线数字高清电视的可用频道,便成了一个引起争议的大问题。

(4)确定合适的技术路线

欧盟委员会曾在2005年1月21日召开有关高清电视技术路线的研讨会,鉴于目前存在着多种可供选用的技术方案,研讨会确定了以保证各种高清电视设备在技术性能上互联互通为主旨的技术路线。

(5)建立具有国际竞争力的欧洲高清电视内容产业

欧盟强调必须建立能参与国际竞争的欧洲高清电视内容产业;强调广电机构和影视节目制作公司要有向高清电视转变的积极性,影视节目制作公司应当有更大的勇气去试验;强调要启动消费者启蒙工作,同时要使高清电视硬件的售价降到消费者能承受的水平。

3.标准的政策选择

(1)传输标准

欧洲数字电视标准为DVB,即Digital Video Broadcasting(数字视频广播)。从1995年起,欧洲陆续发布了数字电视地面广播(DVB-T)、数字电视卫星广播(DVB－S)、数字电视有线广播(DVB－C)的标准。欧洲数字电视首先考虑的是卫星信道，采用 QPSK 调制；地面广播数字电视采用 COFDM 调制，8M 带宽；有线数字电视采用 QAM 调制。[①]

(2)图像格式

欧洲广播联盟技术委员会建议高清电视的图像格式应该建立在逐行扫描的基础上：720p/50 是目前最适宜的解决方案，而 1080p/50 则是长远来看更吸引人的选项。尽管就发射时支持使用逐行扫描这一观点存在很大的争论，欧洲广播联盟技术委员会还是承认某些广播运营商可能希望广播 1080i 的节目内容。由于消费类电子产品设备(如机顶盒和显示器)将接受 720p 和 1080i 两种格式，所以广播运营商可能会选择二者中的一个。考虑到生产和发射标准无须相同，因而欧洲广播联盟对欧洲高清电视生产标准的研究仍在进一步进行中，这项工作并没有打算建议形成高清电视生产的单一标准。[②]

欧洲的高清电视全部采用 1080i 标准，虽然欧洲广播联盟也支持 720P 格式，但到目前为止还没有任何一家电视台采用这一格式。日本的高清电视采用的是 MPEG2 标准，而欧洲已采用了最先进的 MPEG4/H. 264标准，不但压缩效率高，而且图像质量也比 MPEG2 好。

二、产业链格局

欧洲高清电视产业链的建构尚处于起步阶段，基本上由传统电视产业链的各行业领导者担当主要角色，如表 3－1 所示：

---

① 资料来源：http://wenku.baidu.com/view/20b7eb03a6c30c2259019eab.html

② 资料来源：http://info.broadcast.hc360.com/html/001/002/006/003/70285.htm

表 3-1 欧洲高清电视产业链格局

内容提供商	网络运营商	设备制造商	技术服务提供商
BskyB	NTL 公司(英国有线电视运营商)	飞利浦	Pro Sieben Sat1
BBC	Telewest 公司(英国有线电视运营商)	汤姆逊	
迪斯尼	TPS 公司(法国第二大卫星电视运营商)	索尼	Produktion 公司
法国电视台 TF1 和 M6	Canal Plus Group 公司(法国第一大卫星付费电视运营商)		
交互媒体运营商 iMP	Premiere 公司(德国卫星付费电视运营商)		
	SES Astra 卫星公司		
	法国 Numericable 公司(法国有线电视运营商)		
	Noos 公司(法国有线电视运营商)		
	KBW 公司(德国有线电视运营商)		
	Ish 公司(德国有线电视运营商)		
	HTV 公司(芬兰有线电视运营商)		
	Kabel Deutschland 公司(德国有线电视运营商)		

数据来源:《高清晰度电视发展战略和政策环境研究》,http://wewku. baidu. com/view/e13fba37a32d7375a417801a. html

此外,欧洲还以"高清论坛"的形式组成了高清产业联盟。这种形式最早出现于法国,在英国 BSkyB 公司宣布计划在 2006 年开播高清电视之后,法国便很快创立了"高清论坛"(HDForum),任务是加快高清电视在法国的推广应用。参加论坛的不仅有制造商,还有整个价值链上的竞争者,包括零售店和付费电视运营商,比如:Darty、Envivio、Eutel Sat、FNAC、HBS M6 Noos、Panasonic(松下)、Sharp(夏普)、Samsung(三星)、

Sagem Sony、TDF、Thomson、TF1 和 TPS 等公司。为了推动高清电视的发展，英国也创立了高清论坛，成员包括设备制造商、出版商、广播机构、节目制作公司和发行商。①

三、经营观察：欧洲高清电视运营概况

欧洲的高清电视发展起步比较晚，直到 2005 年初才开始试播高清电视。但就是这短短 4 年的时间，欧洲高清电视的发展却非常迅速。

目前，欧洲共有 5 900 万户家庭拥有数字高清电视机，可以收看超过 130 套数字高清电视节目。欧洲高清电视的发展主要是通过推广国际重大体育赛事来实现的，运营渠道以数字地面广播和卫星为主，主要是付费电视，人们通过视频点播和 PVR 功能等非线性方式收看高清电视。

就运营平台而言，卫星平台是高清电视市场开发的领跑者。欧洲首个卫星数字高清电视频道 Euro 1080 于 2004 年 1 月 1 日开播，但到 2005 年底，全欧洲仍然只有 6 个卫星高清电视频道。2006 年德国世界杯足球赛的举办极大地推动了欧洲高清电视的发展，在世界杯之前及期间，德国、英国、法国、意大利等欧洲国家纷纷推出高清电视服务，从而促使欧洲卫星高清电视频道的数量于 2006 年底增加到了 36 个。至 2007 年 6 月 30 日，欧洲的广播机构和付费电视运营商通过 19 颗通信卫星，为用户传输了近 70 个数字高清电视频道。2009 年 3 月 23 日，通过 27 颗卫星为欧洲各地传输的高清电视频道已增加到 190 多个（其中有些频道同时有多颗卫星传输），其中包括一些公共广播频道，如英国的 BBC、德国的 AR-

---

① 宋文玉：《全球高清晰电视的发展状况》，http://www.redlib.cn/html/3737/2005/40355622.htm

TE、奥地利的ORF和波兰的TVP。[①]

据*Screen Digital*预测，全欧洲的高清电视频道数2012年将达到168个，其中51个将是免费无线的。届时，西欧的卫星高清电视用户将达到1 130万户，是2008年的6倍；有线高清电视用户将达到810万户，是2008年的9倍；无线高清电视用户将达到840万户，是2008年的84倍；IPTV高清用户将达到370万户，是2008年的12倍。总之，2012年伦敦奥运会开幕之时，高清电视将成为欧洲各电视平台黄金时段的主力。[②]

欧洲主要的高清电视运营商具体情况如下：

1. Euro 1080公司[③]

Euro 1080作为欧洲的第一家“全高清”广播公司，于2004年1月开始商业运营，该公司全部采用1080电视线高清播出，通过卫星将信号传送给各电视家庭和电影院。Euro 1080开播时有两个频道，即主频道和重大事件频道：主频道通过卫星向电视家庭和小型场所（体育酒吧、宾馆、机场等）每天免费播出4小时高清节目，其中包括实况和延迟的实况内容，覆盖从挪威到葡萄牙和希腊的30多个国家；重大事件频道向重大事件影院（Event Cinemas），即配备有电子投影系统和5.1环绕声系统的影院传送节目，节目内容从重大事件直至地区特别节目。

在内容方面，Euro 1080高清电视的节目包括体育、音乐、电影、娱乐节目和纪录片等。节目内容主要由4个方面的来源构成：公司内制作的新的高清节目；合作制作的节目；购买的节目；与世界各国高清电视单位

---

① 资料来源：http://www.asiatvro.com/html/200906/Msg20239.htm

② 数据来源：http://www.tech-ex.com/broadcast/industry_database/development/00449655.html

③ 润雨：《Euro1080规划新的频道阵容》，http://www.asiatvro.com/html/200506/msg7224.htm

交换的节目。

在盈利模式方面，最初，Euro 1080 与大多数频道的服务方式不同，不收取订阅费，而是分享条件接收卡销售的部分收入，大约 120 欧元。该卡是用户接收 Euro 1080 服务所必需的，零售价为 200 欧元左右。到 2005 年 6 月，Euro 1080 的 HD2 开播，开始以实际付费为基础进行运营，与网络运营商共享高清用户的收入。根据收看该频道国家的不同情况，用户可以通过 Web 网站、移动电话或电子银行等不同方式付费。

2. BSkyB 公司①

BSkyB 公司是欧洲最有影响的付费电视运营商，于 2006 年初开办高清频道，此举对欧洲高清电视的发展具有重大的意义。BSkyB 的 Sky HD 服务自 2006 年 5 月 22 日推出以来，市场规模迅速扩大，订户从 2006 年底的 18.6 万户增加到 2007 年底的 42.2 万户，2008 年底又快速增加到 77.9 万户；仅 2007 年和 2008 年两年就分别增加 23.8 万和 35.7 万户，使订户数从 2008 年底的 77.9 万户增到了 2009 年底的 208.2 万户，用户市场成长率分别达到 140％和 85.4％。至 2010 年 12 月 31 日，BSkyB 的高清电视用户数已达 1 009.6 万。集团收入与 2009 年同期相比增长 15％，营业利润增长 26％，达 5.2 亿英镑。

在节目内容方面，Sky 在英国范围内播出内容丰富的高清节目，包括体育、电影、艺术、戏剧和纪录片等。现在，可供 Sky＋HD 用户选择收看的高品质高清电视节目已增加到每天 400 个小时，即每月 13 000 个小时，这比欧洲其他任何电视平台都要多得多. 而 Sky＋HD 的节目阵容已增加到 33 个频道，其中不少是像 SkyMovies、SkySports、Channel4、Disney、

① 资料来源：http://bbs.asiatvro.com/thread－127926－1－1.html

MTV、BBC、Discovery、FX、Sky1 及 National Geographic 这样的名牌高清电视频道。此外,Sky＋HD 的节目阵容还要扩展,其中高清电视频道将在短期内增加到 50 个以上,同时还要增加 ESPN 高清频道,SkyNews 高清频道[①]。

Sky＋HD 丰富多彩的高清电视内容涵盖了体育、电影、艺术、娱乐及纪录片等,吸引了更多的英国、爱尔兰家庭成为 Sky＋HD 的 DTH 订户,从而确保了公司收入持续增长。

在用户服务方面,用户只要购买了 Sky＋HD 机顶盒或带有 HD Ready 标志的电视机并订购相关服务,就可以收看高清频道和原有的标清频道。在所有高清频道中,只有高清电影频道全部采用高清格式播放节目,其他频道则是部分播放高清节目。如果是 Sky 原有的客户,可以将原有的 Sky 机顶盒替换成 Sky＋HD 机顶盒,并订购 Sky＋HD 服务即可成为 Sky＋HD 用户。如果是新顾客,则须购买 Sky＋HD 机顶盒,安装小型蝶形接收器,订购 Sky 数字电视服务及高清节目服务。如果用户还想体验杜比 5.1 环绕立体声,则还须同时拥有可兼容的家庭影院系统。

在盈利模式方面,BskyB 宣布从 2006 年 4 月 12 日起开始接收高清服务的用户订单。用户须支付 299 英镑购买 Sky＋HD 机顶盒,该机顶盒包括 160G 的硬盘,用户可录制 30 小时的高清节目和 80 小时的标清节目。用户若想订购高清服务,须在原有 Sky 数字电视服务费(每月 15～42.5 英镑)的基础上再加 10 英镑。

3.BBC

BBC(英国广播公司)从 2006 年开始进行高清电视的试验性播出,节

---

① 资料来源:http://www.trade－114.cn/html－6/news－127873336753706－1.html

目内容主要来自 BBC 1 和 BBC 2 中最好的体育、戏剧、赛事、纪录片等节目。BBC HD 每天大约播出两个小时的高清节目，免费向拥有 HD Ready显示器、高清机顶盒以及卫星或有线高清服务的用户播放。BBC 的高清试验性播出持续了 12 个月左右，作为 HD 试验计划的一部分，2006 年，BBC 采用高清格式转播了德国世界杯比赛。

BBC 高清电视节目内容的主要来源为 BBC 1 和 BBC 2 中最好的体育、戏剧、赛事、纪录片等节目。

从高清频道来看，2009 年 BBC 与 Freeview 合作推出地面数字电视高清频道，包括第五频道高清频道、BBC 高清、ITV 高清、第四频道高清和威尔士的 S4 Cclirlun 高清频道。BBC 1 高清频道于 2010 年 11 月 3 日上星，观众可在所有的数字电视平台上收看，如 Freesat、Freeview、Sky 和 Virgin Media。高清频道定位体育迷，以超凡的画质取胜，特别适合体育赛事直播。BBC 高清频道已经直播了 2006 年世界杯、温布尔顿网球公开赛、英国足球超级联赛、国际橄榄球赛、美国大师高尔夫赛、2010 年冬奥会、2010 年世界杯等众多体育赛事。包括 2008 年北京奥运也运用了 BBC 高清技术。BBC 体育官员对外宣称，在 2012 年伦敦奥运会期间，BBC 将用高清标准提供所有节目信号。

4. 欧洲其他国家的高清发展情况

目前，除了英国 Sky Digital 直播卫星电视系统推出了欧洲阵容最强大的 Sky HD UK 服务外，其他欧洲国家已推出高清电视服务的直播卫星电视系统还有十多个，不过，它们提供的高清服务大多只有几个至十几个高清电视频道。这些系统包括德国 Premiere 系统、法国 CanalSat France 系统、意大利 Sky ltalia 系统、荷兰 Canal Digital 系统、奥地利 ORF Digital 系统、西班牙 Digital＋系统、葡萄牙 TVCabo 系统、土耳其

DigiTurk系统、俄罗斯NTV Plus及Platforma HD系统、乌克兰Poverkhnost Plus系统、波兰N系统及Cyfrowy Polsat系统、匈牙利Hello HD及T-Home系统、斯洛伐克SkyLink系统、阿尔巴尼亚Digit Alb系统,以及由瑞典、丹麦、芬兰、挪威组建的北欧Viasat系统和Canal Digital系统等。高清电视服务阵容较大的是北欧Canal Digital系统(14个频道),法国Canalsat France系统(12个频道),波兰的IV系统(9个频道)等。①

欧洲高清的发展与美国、日本略有不同。有些欧洲国家的管理机构贬低高清电视的重要性,把高清电视看做是消遣娱乐,认为高清电视在商业上没有活力。他们着力于交互电视、增强电视和地面数字电视。有些国家则以牺牲高清电视为代价,倾力向数字电视过渡而不引入高清电视。

因此,虽然欧洲已经开播了Euro 1080,另有十余家运营商也宣布开办高清电视服务,但这不是由政府推动的,而是由日益增强的高清电视市场力量将欧洲"拉入"了高清世界。正如市场研究机构Stratogy Analytics公司分析师David Mercer所说,欧洲的高清电视是经"后门"进入的。这也正是欧洲推进高清电视的一个显著特点。

---

① 谢丰奕:《欧洲及亚太区卫星高清电视的新发展》,http://www.asiatvro.com/html/200906/Msg20239.htm

第四章

高清电视的频道与节目

第一节　高清电视——内容依旧为王

第二节　高清电视频道与节目发展的困境

第三节　高清电视频道与节目发展症结解析

第一节　高清电视——内容依旧为王

高清电视内容指符合高清传输及播放要求的影像内容。高清节目的像素要求达到1920×1080，内容通常包含影视剧、动画片、大型体育赛事、综艺娱乐节目等。

从高清电视产业链的构成来看，内容的策划、生产制作与推广位于高清电视产业上游环节，围绕这个环节聚集着数量庞大的电视台、社会影视公司等机构。中国高清数字电视产业处于市场孕育期时，位于产业链上的终端设备市场占了整个产业规模的绝大部分比重；当高清电视产业规模达到年产330亿元人民币时，以高清电视机和机顶盒为主体的高清经端设备市场规模就占了整个产业规模的93.9%，真正的内容制作和网络传输市场仅占1.2%。

然而，高清电视产业以内容为主，内容是高清电视产业化发展的关键。在高清电视市场中，内容是直接面对终端市场的产品，优秀的产品能赢得观众市场和广告市场，并获取市场收益，进而使产业链的各个环节获得收益，形成良性发展。

一、高清电视内容来源

1. 电视台自制

在我国高清电视的发展进程中,电视台一直都是电视内容生产和制作的主力部队。自2006年以来,中央电视台、上海文广集团以及中影集团先后开播了4个高清频道。2006年1月1日,我国的高清频道CCTV－1高清影视频道开播,每天播出18个小时。后来上海文广集团的新视觉高清频道开播,每天播出15个小时以上。2006年4月,由国家广电总局电影频道中心开办的CHC高清电影频道开通。这些高清频道中,相当比例的内容都来源于电视台的自制节目渠道。2010年之后中央电视台每天的节目制作能力设计量为380小时,在新台完成320小时的节目制作。新台播出频道建设规模为:标清频道26套、高清频道8套、高清付费频道在2010年以前播出30套、2012年以后播到40套,年平均节目播出量大概达到3万～45万小时。这种大规模的电视台自制节目,将成为高清频道最为重要的内容来源之一。

2. 社会影视公司制作

与电视台一样,社会影视公司处于整个高清电视产业链的上游,在高清内容的生产和包装过程中扮演着重要的角色,是整个高清电视产业内容产品的重要提供者之一。巨大的市场需求催生了巨大的电视节目制作市场,单靠电视台自制已无法完全满足节目市场的需求。以中央电视台为例,按照广电总局的要求,央视高清综合频道中高清节目的播出时间在2010年底要争取达到100%。这么多的高清节目,单靠中央电视台的力量根本不可能完成,这就决定了社会影视制作公司在高清电视内容市场上的关键地位。

从 2004 年开始，中国国际电视总公司节目制作公司出品的所有电视剧包括纪录片，全部采用了高清拍摄。目前他们是中国最大的高清版权拥有者，拥有高清节目约 2 000 小时，2008 年央视奥运高清频道播出时，80％的高清节目都是他们所提供的。随着高清电视在我国的发展，许多影视公司表示其即将开拍的新剧大多数都是高清作品。

可以预见，高清节目内容生产与制作市场将会进一步放开，鼓励民营资本和外资进入节目制作领域。如此，便可以激发社会影视公司的力量，为高清电视的运营商提供源源不断的优秀节目资源，为高清频道的发展奠定坚实的内容基础。

3. 海外购片与合作交换

为了快速提高节目质量，扩充节目源，国内高清频道往往要与海外合作或者引进海外的高清内容资源。国际上一些国家，特别是美国、日本等，在高清电视方面发展较快。比如从 2005 年开始，美国的 ABC、CBS、NBC、WB 等机构的大多数影视剧和部分谈话节目都已转向高清播出，特别是 HBO HD，它采取与标清 HBO 完全一致的节目编排播出，Discovery HD Theater 和 ESPN HD 也进行了类似的高清探索。这些内容都成了我国重要的高清内容来源，而美国和日本则成了高清内容的出口大国。不过，从国外引进高清节目的版权费用非常高，1 小时的版权费大概3 000～4 000 美元。因此，海外购片或合作交换并不是解决高清电视内容匮乏问题的首选策略。

4. 数字电影成为高清节目内容的重要补充

从技术上来讲，一般 2K 数字电影必须达到 2048×1080 以上的分辨率,最终目的是达到4K。数字电影完全可以满足高清的要求,所以数字电影是今后高清节目的一个重要来源。

已建成并投入使用的国家中影数字制作基地年生产能力可满足80部故事电影片、200部电视电影、500集电视剧的制作需求。同时,中影集团还将尽快把国内现存的5 000部电影全部转换成2K的格式。除此之外,我国省市地区的影视集团每年也会生产若干数量的数字电影。这就可以在一定程度上满足数字影院、高清节目的来源要求。

5. 互联网视频节目成为高清节目内容的补充之一

互联网的高速发展、网络视频的高清化趋势,分流了大量的电视观众,"网上看高清电视、高清视频"愈来愈成为新的收视观念与收视方式,但同时也对传统电视产业形成了冲击。目前,基于客户端和网页的网络视频都提供了一些高清视频节目,基于客户端的有PPLive、PPS、风行、UUsee等,基于网页的网络视频网站有"酷6"、"56"、"六间房"以及土豆网推出的"黑豆"。此外,门户网站搜狐也强势推出了高清视频,百度旗下也推出了奇艺高清。

这些网站都拥有较丰富的高清节目资源,以土豆网为例,土豆网的"黑豆"提供电视剧、电影、综艺三大类高清节目,并在每类下提供二级分类,如电视剧分类下可按地区、主题等二级分类进行查看,电影分类下可按主题进行查看。在高清节目数量上,"黑豆"提供的高清视频有10280部(集),其中电影150余部、电视剧集9 600多集、综艺500余部,数量比较多,表现不俗;节目新旧程度表现一般,有部分较新的电影和电视剧,如《寻找成龙》《窈窕绅士》《建国大业》等;节目片源以内地和港台为主,同时也有部分相对老旧的外国片。

再以搜狐的高清影视剧频道为例。2009年初，搜狐高调推出了高清影视剧频道，并通过对最热门电影、电视剧的互联网首播而迅速蹿红。作为门户网站中唯一提供在线高清观看电影电视剧的视频平台，搜狐高清影视剧频道已经拥有包括正在影院热映或电视热播的最新大片在内的40 000多部正版影视剧，其数量也在随国内热播影视剧的上映而不断快速增加。其所选的电影或者电视剧都是当时最热门的影视大片，其中不乏热映中的抢手作品，如《赤壁》《叶问》《女人不坏》《桃花运》《画皮》《十全九美》《胭脂雪》等。

再看一下乐视网，经过6年的积累，乐视网已经打造出业内最大的影视剧版权库，目前已拥有50 000多集电视剧和4000多部电影的网络版权。除了最“全”以外，最新的热播剧也被乐视网收入囊中，乐视网目前预购的影视剧占到了2011年全国热播影视剧的70％以上。2011年，乐视网将日日有新剧、周周有独家、月月有专题。乐视网的目标是网友未来可以在乐视网中找到自己喜欢的任何一部影视剧。

由此可见，互联网视频节目正在成为高清节目内容的有益补充。

二、高清内容的主要类型

1. 高清影视剧

在传统电视市场节目中，影视剧始终是收视率高、广告收入高的内容类型之一；在高清电视节目市场，情况也是如此。这是因为：一方面由于影视剧本身面对非常明确的目标市场，拥有非常丰富的节目来源，具备非常成熟的盈利模式；另一方面，高清技术的引进极大地改善了受众的视听感受，使影视剧具备了先天的市场优势，因而受到了节目提供商更为热切的追捧，也成为观众最为期待的高清内容类型之一。目前，央视高清综合频道、上海文广新视觉高清频道和电影频道中心的高清影视频道都是以影视剧或相关内容为主的。

2010年,央视高清综合频道累计首播了21部高清版电视剧,其中包括一部境外电视剧(德国),共666集,累计首播总时长约为523小时,播出的电视剧集包括《神话》《李小龙传奇》《广府太极传奇》《人间正道是沧桑》《松花江上》《红莓花儿开》《大女当嫁》《漂亮女人》《乡村爱情故事(三)》《生死营救》(德国)等等[1]。

2. 高清体育节目

体育赛事节目的高清化历来是各个国家高清电视发展中最为重要的内容类型之一。以日本的高清电视发展为例,其高清发展充分借助了日本召开大型运动会的契机——如1998年的长野冬奥会、2002年的韩日世界杯,借助大型体育赛事的巨大吸引力,NHK的高清电视发展势如破竹。大型体育直播赛事等适合高清化的原因在于,高清电视的杜比5.1环绕立体声以及高清晰度的显示质量,能使观看者体验到如身临其境的震撼感和强烈的现场感。

国内亦是如此。2008年北京奥运会的举办极大地推动了我国高清电视的发展。由于2008年奥运年的特殊原因,体育节目占据了央视高清综合频道总首播时长的半壁江山,其中体育直播类节目占到总播出时长的38%,体育录像类节目占14%,二者合计达到52%,成为2008年整个高清频道播出的主要节目类型。2008年度,央视高清综合频道共完成了4次大型直播。其中,《圣火耀珠峰》的直播是频道第一场并机直播,历时约6个小时;2008年欧洲杯足球赛的直播历时23天,累计

① 中国网络电视台:《CCTV-高清频道2010年度报告》,http://news.cntv.cn/china/20110105/112575_4.5shtml

直播时长约89个小时；直播《2008年欧洲杯足球赛》24场，《足球欧洲——2008年欧洲杯晚间专题》17集。最主要的是，央视高清综合频道兑现了我国对国际奥委会的承诺，圆满完成了2008年第29届北京奥运会和第13届北京残奥会的转播工作。奥运会直播历时17天，包括开闭幕式和赛事的转播，累计直播时长约380个小时；残奥会直播历时12天，包括开闭幕式和赛事的转播，累计直播时长约115小时30分钟。

3. 高清动画娱乐节目

目前全球只有韩国制作高清动画节目，高清动画节目由于成本较高，因此要充分考虑市场的接受度、文化的差异度和动画的生命周期。在全球高清节目市场仍处于起步阶段的现实状况下，高清动画节目的风险比之高清影视节目、高清体育节目等风险更高。

4. 高清科教片、纪录片

科教片、纪录片等类型也是高清电视节目的内容来源。科教片、纪录片的选题一般为历史文化等领域的代表性事件，一般采用先进的电视理念进行创作，成本投入高，以实现上乘的画质与音质效果，实现较高的社会效益、文化价值和商业潜力，如12集高清电视纪录片《故宫》。《故宫》是我国第一部全部采用高清电视技术制作的大型电视纪录片，在中央电视台播出之后受到了观众的广泛好评，充分显示了当今中国高清电视的制作水平，被称为中国电视技术发展的里程碑之作。搜狐曾开展过一项针对网友的调查，调查题目为“最期待看到的视频内容”，调查结果显示：“纪录片”以高达35％的投票率排名第一，超过美剧的28％和日韩剧的22％。

2010年,央视高清综合频道共设置了两个主要播出科教节目的栏目,分别是《人文地图》和《探秘》,共播出366期,累计首播总时长为183小时。其中比较精彩的系列有《用耳朵去旅行》《走进以色列》《走进加拿大》《重返北领地》《地中海明珠》《庐山 千古一清风》《说吴》《江山代有才人出》《诗词之旅》《游走丹青》《千古龙飞地》《搭车西行记》《徐霞客》《越地春秋》等。以及自然地理类纪录片《人文地理》、考古探索类纪录片《发现之路》、历史档案类纪录片《历史传奇》和社会纪实类纪录片《时代写真》也深受观众的喜爱。

第二节 高清电视频道与节目发展的困境

相对于步入成熟阶段的标清电视而言,高清电视目前仍然处于起步阶段。虽然从理论上讲,高清电视具备高清晰画面,高保真立体声伴音,电视信号可以存储,可与计算机完成多媒体系统,频率资源利用充分等多种优点,但在当前的实际运营当中,高清电视产业所表现出的节目内容之困,频道经营之困,已成为其经营者不得不正视的问题。

一、节目内容之困

内容资源短缺是全球高清电视发展进程中一个突出的共性问题,这个问题同样困扰着中国高清电视产业的发展,目前我国高清节目每年的节目制作量尚无法满足频道播出量的需求。

这里不妨用数字来加以说明:一个商业播出的高清频道每年的节目更新播出量需求约为2000个小时,而中国目前的高清节目年生产能力为 1 600 小时左右,“入不敷出”的状态很明显。下面再举一组数字,国家广电总局有关机构的统计数据表明:截至 2010 年底,全国共有电视台 247 个,开办了 3 985 套开路播出的广播电视节目(广播 2 675 套、电视1 310套),还有 178 套付费广播电视节目(付费电视 139 套、付费广播 39 套);全国有广播电视节目制作机构 3 343 家、持有电视剧长期制作许可证的机构 132 家、电影制作机构 200 多家;2010 年全年生产电视剧 436 部 14 685 集、动画电视 221 456 分钟、故事影片 526 部、科教/纪录/动画和特种影片 95 部。与此相对照,中央电视台拥有的高清节目储备只有3 500小时。[①] 显然,与标清电视节目的生产量相比,高清电视节目的生产量整体而言是非常有限的。

高清电视内容的瓶颈一方面表现为内容生产总量有限,老百姓喜闻乐见的高清精品内容生产规模小;另一方面则表现为频道节目编排不甚合理,如重播时间较长、“炒冷饭”现象严重。尽管国内正式播出的高清频道基本上都隶属于中央电视台和上海文广等国内大型节目供应商,具备较好的内容优势,也很难弥补高清频道节目播出的缺口。这些单位除了自制节目之外,还要通过购买或节目置换等途径引进国内外优秀节目资源,这部分资金投入非常巨大,因此也制约了高清频道的内容建设。

二、频道经营之困

频道竞争方面,高清电视频道的竞争劣势主要体现在三个方面:

第一,高清节目选择余地小。

---

① 中国网络电视台:《CCTV－高清频道 2010 年度报告》,http://news.cntv.cn/china/20110105/112575_4.5shtml

在国内,完成数字整转后的近百个标清电视频道选择让观众感到眼花缭乱、目不暇接,而高清电视频道节目有限,观众的选择余地很小。

第二,高清节目收费高于标清节目。

节目收费方面,标清节目执行当地标准,每月收费基本在20元人民币左右。与此相比,目前开播的新视觉频道和央视高清影视频道以及CHC高清电影频道均收费较高。央视高清影视频道收费标准为4 776元/年,其中含一年高清频道收视费(120元/月、1440元/年)、标清频道基本包收视费(28元/月、336元/年)以及购置高清机顶、IC卡的费用(3 000元)①。

第三,观众对高清电视的认可度低。

观众要想收看高清电视,除了要购买高清电视机外,还要交纳订购高清电视节目的月费;但与此同时,大多数有线电视系统只能提供为数不多的二十几个高清频道,收费高,节目少,观众对高清电视的认可度自然不高。

第三节　高清电视频道与节目发展症结解析

高清电视面对传统标清电视巨大的竞争压力,而其生产能力又难以有效地支撑高清频道的运营,因而造成了高清电视内容生产之瓶颈。2001年初,中国第一部高清电视剧《大宅门》开拍,采用著名导演乔治·卢卡斯拍摄《星球大战》系列片使用的同型号高清设备拍摄。然而10年过去了,国内才只有少数几家实力雄厚的电视台开始投入高清电

① 《论高清晰度电视时代电视节目内容的策划》, http://wenku.baidu.com/view/313797eb85ba561252d36f17.html

视，大批中小型电视台和制作公司依然迟迟没有步入拍摄高清电视剧的行列。究其深层原因，可从成本构成、赢利模式、产业结构和政策4个角度考察制约我国高清电视频道与节目发展的症结。

一、制作成本的制约

相对于标清电视节目而言，高清电视节目制作成本高昂，主要体现在高清设备购置、拍摄制作、后期编辑、化妆、服装、道具等各个环节。举例来讲，与标清摄像机相比，每台高清摄像机每天的租赁价格要高出30%～40%：标清摄像机价格在1天900～1 100元左右，高清摄像机最便宜的也要1 200元，价格高的要近2 000元；1盘标清磁带可能才几十元，但1盘高清磁带就要一两百元。

高清电视节目的拍摄过程也暗含着较高的成本。一位业内人士说，“高清设备增加的成本容易计算出，但制作过程中增加的费用是很难计算的”。由于拍摄清晰度的提高，制作过程中对服装、化妆、道具等环节的要求也相应地提高了，因此拍摄周期也会相应延长，最终导致总体成本上涨。举例来讲，普通的服装几十块钱就可以做一套，但高清拍出的效果十分细致，不能有一点瑕疵，这就要求将服装做得更好一些。高清对置景的要求也非常严格。比如，远景拍一根白柱子，如果是标清拍摄，大概刷上漆就可以拍摄了，但高清就不行，高清摄像机可以明显地显现出柱子是刚刷的，因为刚刷上的油漆不平滑，需要多刷两遍，这样拍摄时间就被拉长了。再比如，标清摄像机拍运动状态，移动对焦很容易，而高清移动拍摄，焦点就很难找，稍有一点移动就会影响到清晰度。同样一个镜头，标清可能拍4条就能过，高清可能就要拍8条，这样就直接了导致制作周期的延长和整体成本的上扬。此外，在后期制作方面,高清电影电视的工艺流程要比标清的收费高,这些费用包括调光调色、上字幕、剪辑、占用机房的费用等。

据有人统计,高清电视节目从采集、拍摄、编辑、制作、传输到接收,如果全部都采用高清设备,其制作成本会比标清电视节目高出3～5倍。过高的节目制作成本令很多节目制作商和内容提供商望而却步。

二、合作结构的制约

高清产业链上的节目生产环节也存在着一些结构性问题,一定程度上阻碍了高清电视的发展。其中一个核心的问题就是,产业主体之间尚未建立起健康的合作模式。

这种矛盾在电视台与影视制作公司之间表现得尤其突出。相对于其他的内容生产主体,电视台占据着极大的有利地位。这与我国传媒产业的结构不无关系:在我国的传媒内容生产环节中,主要生产者是电视台和社会影视公司。但我国国家政策又明文规定了非公资本不能经营广播电视频率资源,也就是说电视台具备内容与媒介的双主导优势。因此,电视台在电视节目的制作生产当中同样处于主导地位。

一方面,电视台目前对高清电视的投资基本上是战略型的,短期内尚未形成明晰的赢利模式。对于电视台而言,无论是自制还是购买,高清节目所占的资金比例都会很大,都会对其造成巨大的成本压力。目前一部电视剧最多可以在4家卫视同时播出,各家卫视可以共同分担购片费。如果是购买高清版,便可能会成为独播剧,高清电视剧的价格相比标清而言就更高一些,独播剧价格更高,电视台买剧的资金压力可见一斑。电视台虽然投入数亿元进行高清改造，但短期内不会有什么收益。

另一方面，对于社会影视公司而言，其所处的位置更为微妙，因而观望的态度就表现得更为明显。由于电视台双重优势的存在，社会影视公司在标清节目市场交易中长期处于弱势地位，深受节目收购价过低等问题之害。很多影视制作公司期望借高清市场的崛起，改善这一问题，希望电视台回馈一些利益给制作方，在收购价上做一些上调。以上问题是导致社会影视公司对高清电视投入长期呈观望态势的主要原因。

三、赢利模式的制约

开路免费高清电视是目前世界上高清电视发展的主要模式。日本是通过卫星覆盖来推广高清电视业务的，从最初的收费模式逐渐转为收费和免费频道并存，目前免费频道已占据了上风。1998 年，美国在开播数字电视的同时就选择了免费开路播出世界上最早的高清晰度数字电视，开路免费高清发展模式使美国的高清电视走上飞速发展的道路，并且赶超了最早发展高清技术的日本，成为世界上数字高清电视发展最快的国家，拥有数量最多的高清电视频道和规模最大的高清电视观众人群。

目前，我国高清电视的发展仍处于初级阶段，面临着观众认知度低、终端价格高、落地范围有限、高清内容缺乏、高清人才稀缺、高清频道技术和运营经验欠缺等挑战。仅依靠政策手段，无法迅速调动产业主体的积极性；仅依靠市场手段，又缺乏产生赢利所必需的用户规模。在我国，广电的商业之路几乎等同于广告之路，这种单一的经营模式严重影响了高清电视的发展。由于高清频道还没有成规模的用户群,无法带来广告收入,电视台出于成本收益的考虑,不会将优秀节目放在高清频道首先播出。这使得高清频道和免费频道的节目精彩度不可同日而语。同样的频道,但成本却更高,面对这样的局面,有谁愿意为高清电视的发展进行长期的战略投入呢?

第五章

高清电视的用户市场

以数字电视为代表的各种新媒体不断涌现，导致受众接触的媒体趋向多元化，接触媒体的时空趋向碎片化。因此，媒体对“用户需求”、“用户特征”的研究就显得十分必要和重要。本章将关注高清电视的用户组成、特征、收视行为。通过对用户的观察，思考高清电视如何更好地为用户服务。

第一节　我国高清电视用户的数量及构成

2011 年 3 月，络达咨询公司发布的《中国数字高清电视市场发展现状及竞争趋势研究报告》(2011 年版)最新数据显示，截止 2010 年 12 月 31 日，中国有线高清数字电视用户市场规模已达 310 万户。在此之前，2006 年，中国有线高清数字电视用户市场规模只有 4 756 户，2007 年 9 274户，2008 年 9.2739 万户，2009 年 53.7 万户。可见，中国有线高清数字电视用户市场规模成长迅速。

我国高清电视用户由三部分构成：有线数字电视用户、地面高清数字电视用户和直播卫星电视用户。

从全球高清电视发展情况来看，有线数字电视用户是收看高清电视的主要潜在群体(见表 5－1)。就我国而言，各地方有线数字电视用户同样也是高清电视用户发展的潜在群体。2010 年，我国数字电视的用户总数接近 1.6 亿户，有线数字电视市场规模占整个数字电视市场规模的 74.47%。有线数字电视用户规模的不断扩大，必然会促进高清电视用户数的增长，有利于高清电视业务在各地加速启动，推动高清内容交易市场的成形，为高清电视的产业化、规模化奠定良好的市场基础。

表 5-1　全球各种平台的真正高清电视家庭数(百万户)

平台	2007 年	2008 年	2009 年	2012 年
DTT	3.5	6.4	9.8	29.4
数字有线	12.7	22.7	36.6	90.5
付费 DTH	7.7	12.8	19.6	46.5
付费 IPTV	0.6	1.7	3.3	12.1
全球总计	24.5	43.5	69.3	178.9

注:DTT——地面数字电视
　DTH——卫星直播电视
数据来源:见张济民:《高清电视大规模市场就要到来》,《广播电视信息》,2009 年 1 月刊。

地面高清数字电视用户、直播卫星电视用户是高清电视用户的另一组成部分。另外，据《卫星电视与宽带多媒体》2010 年第 12 期报告，卫星数字电视市场占了我国整个数字电视市场的 14.79%，地面数字电视市场占了整个数字电视市场规模的 5.58%，这些用户也是高清电视的潜在用户。

第二节　高清电视潜在用户特征

数字电视用户具有群体特征，以家庭为单元的媒介消费模式决定了消费者是否使用高清电视以及如何使用高清电视的内容和服务。现在我们就来考察一下高清电视潜在用户的特征。

一、数字电视用户对节目的被动惯性与主动选择

电视在数字化改造之后，融入了大量互动性功能，赋予了用户主动选择的机会，用户的选择范围更广了，从而使个性化的需求得以满足。但是，这并不意味着共性需求就消失了，相反，在相当长的时间内，共性需求仍将是数字电视的主要传播特性。即使是视频点播这样的业务，虽然它给用户提供了主动选择的收视方式，但用户可选择的内容仍以多数人的共性需求为主。对于传播者来说，若能提供共性信息，便可以有效地降低成本。而针对数字电视用户收视行为的研究则为以上观点提供了相关佐证。调查数据表明，用户使用数字电视，最主要的目的仍然是收看电视节目，99.5％的人首选“看电视”；从需求愿望来看，70.9％的人最想用的功能仍然是“看电视”；从付费的角度看，26.2％的人愿意为看电视单独付费，该比例排在各项服务之首。而数字电视大量互动式业务的使用者比例却非常低，即使是 VOD 这种在传统电视节目上衍生出来的互动业务类型，表示需要该业务的用户也只有 15.4％，愿意为之付费的用户比例则进一步降低到 7.6％，更不用说其他新增业务类型了[①]。

与此同时，被动选择的特性也将在数字电视中延续。人们已经习惯了躺在沙发上看电视，或者一边看电视一边做别的事情，很少有人会像坐在书桌前用电脑一样认真地收看电视，人们收看电视的既有习惯并不会因为电视节目的数字化而发生本质上的改变。尽管数字电视将会有更多的互动性，但它依然是一个本质上被动的娱乐媒介。被动选择这种简便易行的使用方式更符合人做出选择时的“最省力原则”，人们总是愿意花

---

① 央视一索福瑞媒介研究公司：《中国数字电视发展报告》，2007 年 8 月公布。

最少的精力获得最大的满足,而被动接受则满足了这一条件。

那么,随着我国数字电视的推广和使用,数字电视对于广大电视观众产生了怎样的影响?由于电视媒体自身的变革和发展,用户的电视媒体接触行为,用户对电视媒体提供的服务的态度产生了怎样的变化?对以上问题的考虑和关注,对于在我国电视媒体数字化的成果和基础上进一步推进高清电视的发展是非常必要的。

中国传媒大学对全国 3 122 个数字电视用户所进行的调研的结果表明,数字电视开通后,数字电视用户收看电视的整体时长相比模拟时期提高了约 10 个百分点,人们在电视机前的整体驻留时间有所延长,说明数字电视对用户的消费行为正在产生影响。

用户收视时间的变化呈现两极化趋势:年龄偏大,收入水平不高,以退休人员居多的用户群,其娱乐方式相对单一,电视是其最为主要的娱乐工具之一。这类人群使用数字电视的时间比在模拟电视时代更长,具体表现为在工作日看电视的时间超出了 4 个小时,节假日超出 6 个小时以上。而一部分年龄偏小,收入相对较高的用户,其休闲方式多样而丰富,电视只是其娱乐方式之一,电视媒体作为娱乐工具,被替代的可能性较高。这部分人使用数字电视的时间比在模拟电视时代减少了,具体表现为在工作日看电视少于 3 个小时,节假日少于 5 个小时。

用户从"看"电视发展到"用"电视,从被动地看电视发展到自主地收看,"看电视付费"的观念正逐渐被用户接受。虽然长久以来电视媒体一直提供着免费的内容,一定程度上不利于发展、推广付费电视节目及其他增值业务,但是调查结果却表明,用户已经开始逐渐从模拟时期的被动收看向数字电视时代的主动选择过渡。随着消费习惯的变化,用户对节目的质量以及差异化的需求也在逐渐提高。

二、以家庭为单位的用户特征:共性需求与个性特征并存

共性需求的特征是由两方面决定的:一方面是电视媒体本身的传播特性,另一方面是以家庭为单位的消费形态。

首先,从电视本身的媒介特性来说,电视媒体作为大众传播媒介,满足的是大多数人的共性需求,这就决定了电视观众在很大程度上是被动地接受电视传递的信息。从我国传统电视节目的收视情况来看,新闻和电视剧两类节目的收视份额占到了总收视份额的50%以上;从我国电视频道的设置来看,各省级上星卫视全部都是综合性频道,这也从一个侧面印证了电视的共性需求性质。

在数字电视加快推进速度的同时,家庭市场得到了媒体、内容提供商和网络运营商越来越多的重视。"数字家庭"、"家庭娱乐中心"、"家庭信息化"等概念应运而生,各种面向家庭的产品和服务也逐渐升温。

其次,从家庭消费来说,消费者行为学认为,家庭对个人消费有着重要的影响,其影响涉及消费的所有环节,家庭也是消费的重要基础场所,许多重要消费都是基于家庭而产生的。家庭消费又具有与个人消费明显的差异性,表现为共享、利他等特征。

一个家庭中的需求和消费显然要满足家庭成员的共同需求,[①]要符合家庭成员的共同利益。这里的家庭需求是家庭用户对信息服务的需求,家庭中不同成员的需求既有个性,也有共性,这就需要高清电视频道运营商或网络运营商根据家庭消费形态的特点,提供相应的高清电视内容和服务。

---

① 关于家庭需求和家庭消费的共性特征,参见黄升民等:《多种形态下的中国城市家庭消费》,中国轻工业出版社2006年版,第30~32页、第204~208页。

既然对家庭用户需求的把握和了解如此重要,那么高清电视频道运营商或网络运营商就必须全面、持续地收集来自用户的各种相关信息。这些信息主要包括家庭信息和个人信息两大部分,每一部分均由相应的指标体系构成。这些指标不仅可随着业务的深化而不断拓展,而且每一地方的网络运营商还可以根据当地的不同需要选择相应的指标。一般来说,针对家庭中的个人,用户相关信息主要包括用户姓名、性别、年龄、职业、职位、收入、受教育程度以及用户的收视行为和满意度等一些最为主要的信息类型;对于"家庭"来说,家庭用户信息则主要包括家庭人口构成、家庭收入状况以及整个家庭对媒介内容和服务的消费意愿、满意度和收视行为等指标。

以上用户的"被动惯性与主动选择"和"共性需求与个性特征"的特征决定了高清电视的内容与服务方向。

第三节　我国用户对于高清电视的认知与态度

目前,我国的高清电视用户市场虽然尚未规模化,但是得益于2008年奥运会的高清转播,我国高清电视用户市场已得到了进一步扩大和发展,用户对高清电视的认知度,对高清电视终端消费、内容消费的意愿、态度和行为也都有了突破性进展。

一、用户对高清电视的非准确认知

在国内高清显示标准出台之前,市场上对"高清"的定义非常混乱,所有的等离子电视和液晶电视都被称为"高清"。事实上,目前中国市场上的等离子电视只有5%是高清电视，液晶电视有80%是高清电视。这种状况导致了广大用户对数字高清技术概念的模糊认识和对高清电视体验的不够深入，所以用户对于消费高清电视缺乏信心和动力。

事实上，真正的高清晰度电视带给观众的视觉、听觉冲击，是模拟电视和标清数字电视所不能比拟的。所以，相关机构必须进一步加深用户对高清电视、高清技术、高清电视频道和节目以及高清电视设备和品牌的了解。

根据消费者行为学的理论，消费者从接触信息到完成购买行为，会经历以下5个阶段：问题认识、信息收集、对可供选择方案的评估、购买决策和购后行为。该理论更多地适用于高卷入度的商品，即价格高、需要消费者认真权衡的产品和服务。目前，高清电视设备和高清电视服务在我国尚属于高端消费商品，需要消费者投入较多的精力和财力。因此，提高用户对高清电视的认知度无疑是提高高清电视使用率，推广和普及高清电视服务，促进用户真正消费高清电视终端和节目的第一步。

二、用户对高清电视的态度和期望

1. 对高清电视的未来发展寄予希望

对于高清电视未来的发展趋势，电视观众表示出了非常正面的积极态度。在一项高清电视用户的调查中，几乎所有的被调查者都认为高清电视会流行，其中，超过一半的人认为高清电视会在一两年后开始流行，三分之一的人则认为高清电视在未来三四年后会流行。

2. 期待收看高清电视的精彩内容

近几年，广大电视观众对于高清电视的期待度较高。将近七成的被调查者对收看高清电视表示“非常期待”;那些对高清电视“一般感兴趣”和“不感兴趣”的人,主要是担心“高清电视提供的节目内容不够精彩”以及“高清电视的价格高”。高清电视节目精彩与否,成为消费者是否购买高清电视设备的关键因素。

3. 内容偏好:倾向选择影视类

2006 年上海文广集团针对高清电视的用户调查结果显示,被调查者最希望通过高清电视频道收看的节目类型倾向于电影和体育赛事。此外,高学历人群表现出对纪录片的选择性偏好,有半数的高学历被调查者表示希望通过高清频道收看纪录片。2007 年的高清电视用户调查显示,在“最希望从高清电视中看到的节目类型”中,用户对电影和电视剧的期望最高,分别达到 46%和 40%,说明用户对影视类高清电视节目仍然保持了较高的期望值。然而,对于其他类型的节目,如综艺、体育、纪录片等,用户的期望值相对较低。

4. 中等收入人群的高清电视设备购买意愿强

目前,我国消费者购买高清电视设备的期望值较高,其中购买高清液晶电视的意愿最强,对平板电视的关注度较高。

与其他收入水平的人群相比,收入水平在每月 6 000~10 000 元之间的人群,购买高清电视设备的意愿也是最大的。同时,在拥有房产的消费者群体中,表示预计在两年内可能会购买高清电视的人数高达 61.6%。而在另一个面向各层次经济实力的消费者群体的调查中,表示在一两年内购买高清电视设备的人数比例则为 55%。综上可见,中等收入以上人群将是高清电视的主要潜在消费群体。

5. 可接受的高清节目收费标准偏低

目前，我国电视用户可接受的高清电视服务收费标准相对较低。其中，超过半数的用户表示能够接受的价格为每月 40～50 元，超过八成的用户不能接受每月 100 元以上的价格，仅有不到 2%的用户表示“只要节目好，每月 200 元都行”。

中国传媒大学对全国 3 122 个数字电视用户所进行的调研结果表明，用户愿意给密切相关的业务付费，比如电视缴费业务。此外，用户对休闲娱乐项目的付费意愿也较高。数字电视用户对付费节目的整体接受价格偏低，集中在 10 元以下，他们对节目价格的敏感度较高，价格上涨给运营商带来的收益远小于因此而导致的需求减少所造成的损失。

美国用户对高清电视节目收费标准的接受度与我国有所不同。Comcast 开办了影片点播高清频道，专门向观众提供可点播的好莱坞最新摄制影片。这个高清点播频道的前景很好，因为美国观众愿意为点播一部影片支付 6 美元。相比收看标清影片，观众要为收看高清影片多付 2 美元/部。

用户需求直接决定着数字电视增值业务的开展和市场规模，用户对增值业务的认知越好，其消费意愿就会越强。然而，尽管数字电视用户非常关心增值业务的使用体验及所带来的便捷高效，他们对数字电视开展的增值业务目前尚普遍缺乏良好的体验，从而导致了他们对增值业务的消费意愿低，对价格的敏感度高。

第四节　高清电视综合频道发展初期的用户构成与收视行为

一、奥运会期间央视高清综合频道的用户构成

2008年1月1日起试播的央视高清综合频道承担了2008年奥运会的高清转播任务,因而积累了一定的用户基础。央视高清综合频道的观众群体呈现年轻化、高学历、高收入的特征。

央视高清综合频道的观众群体中20～29岁的年轻观众比例较高,达到40.7%。同时,这些观众中已婚者的比例较低,为53.39%,低于电视观众总体已婚比例的平均水平。由此可见,央视高清综合频道的受众群体很多都是"年轻"、"单身"的个体,他们的"个人化"特征相对于其他电视频道的观众来说,更加明显和突出。

央视高清综合频道观众群体的普遍学历水平较高,大专以上学历者比例达61.54%。此外,央视高清综合频道观众群体的普遍收入水平也较高,个人月收入在5 000元以上者比例达到12.67%;1万元以上者达4.52%,家庭月收入在1万元以上的用户比例高达18.55%。在职位构成上,央视高清综合频道观众中"企业中层管理人员"以及"企业负责人"的比例也明显高于所有电视频道观众中属于这两种职位的平均水平。对于以上几个指标,央视高清综合频道观众所占的比值明显高于所有电视频道观众群体在相应指标的平均水平,这说明高清频道观众的社会地位和经济实力是相对较强的。

在性别构成上，央视高清综合频道观众以男性为主，达到 61.99%。在行业构成上，央视高清综合频道观众分布在法律行业、社区服务业、批发/零售业、IT 业、交通运输业、中介服务业、房地产开发业的比例高于所有电视频道观众分布在这几个行业的总体水平。

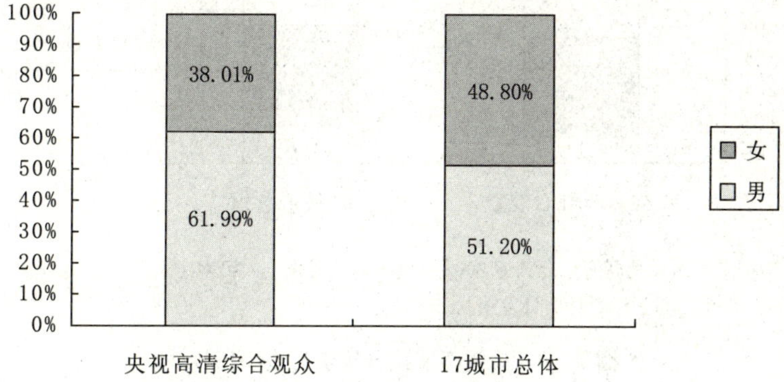

数据来源:《央视高清综合频道 2008 年度报告》,传媒一人民网 2009 年 2 月 2 日发布。

图 5－1　央视高清综合频道观众性别构成

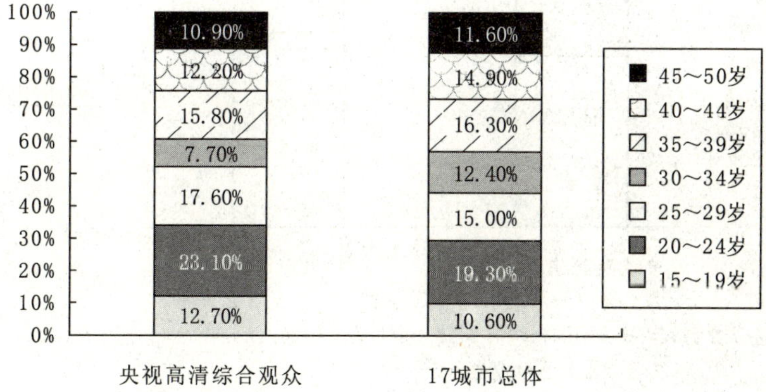

数据来源:《央视高清综合频道 2008 年度报告》,传媒一人民网 2009 年 2 月 2 日发布。

图 5－2　央视高清综合频道观众年龄构成

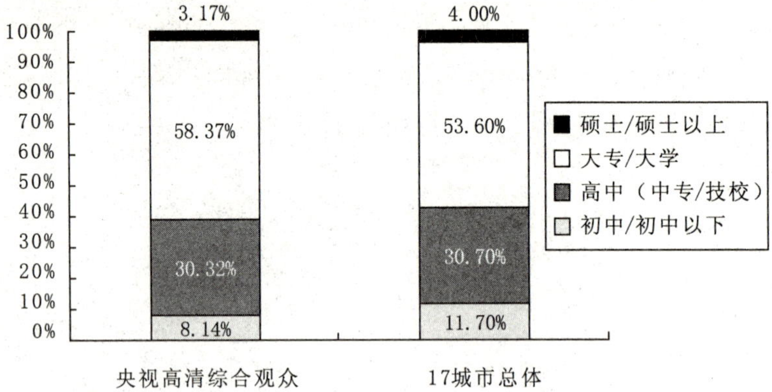

数据来源:《央视高清综合频道 2008 年度报告》,传媒一人民网 2009 年 2 月 2 日发布。

图 5-3 央视高清综合频道观众学历构成

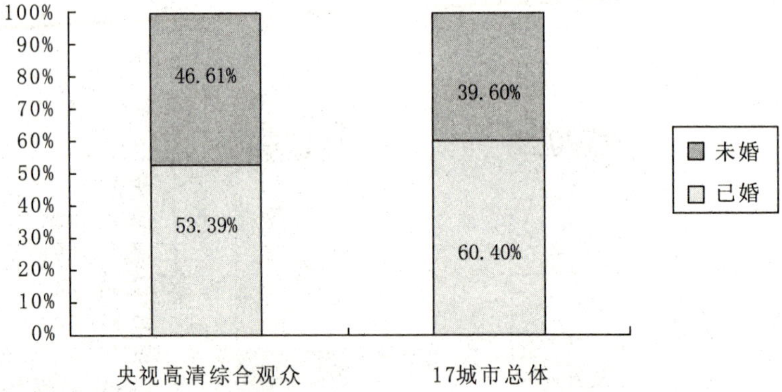

数据来源:《央视高清综合频道 2008 年度报告》,传媒一人民网 2009 年 2 月 2 日发布。

图 5-4 央视高清综合频道观众婚姻构成

表 5-2 央视高清综合频道观众行业分布

行业	17 城市总体	央视高清综合频道观众
法律会计	2.40%	18.55%
工业制造业	14.00%	11.76%
邮电电信业	1.70%	11.76%
学生	15.30%	11.76%
社区服务	2.60%	8.60%
批发/零售业	6.10%	7.69%
IT 业	5.50%	6.33%
交通运输	4.50%	5.88%
中介服务业	0.80%	4.52%
房地产开发	0.70%	3.17%
银行金融	3.60%	2.71%
保险业	0.70%	1.81%
医疗教育科研	8.90%	1.81%
旅游餐饮业	3.60%	1.36%
证券投资	0.50%	0.90%
工程建筑业	4.50%	0.90%
商业服务	11.80%	0.45%
其他	12.80%	

表 5-3 央视高清综合频道观众职业分布

职位	17 城市总体	央视高清综合频道观众
机关、事业单位行政官员	4.16%	3.96%
国家公务员	3.27%	3.96%
企业负责人	5.42%	11.33%
企业中层管理人员	18.64%	23.22%
企业一般员工	50.50%	42.47%
教师/学校管理人员	6.30%	3.96%
离退休人员	1.01%	0.57%
个体劳动者	10.58%	9.63%

表5-4 央视高清综合频道观众月收入分布

个人月收入(元)	17城市总体	央视高清综合频道观众
1 000以下	23.00%	18.55%
1 001～2 000	25.70%	24.43%
2 001～3 000	19.50%	19.00%
3 001～4 000	11.70%	16.29%
4 001～5 000	6.50%	5.88%
5 001～6 000	3.40%	4.52%
6 001～7 000	1.20%	1.36%
7 001～8 000	1.20%	1.36%
8 001～9 000	0.60%	0.90%
9 001～1 000	1.20%	
10 000以上	2.30%	4.52%
拒绝回答	3.80%	3.17%
家庭收入	**17城市总体**	**央视高清综合频道观众**
1 000以下	2.40%	2.26%
1 001～2 000	10.20%	4.98%
2 001～3 000	13.50%	16.74%
3 001～4 000	12.90%	9.95%
4 001～5 000	12.10%	11.31%
5 001～6 000	10.60%	11.31%
6 001～7 000	4.90%	5.43%
7 001～8 000	5.80%	6.33%
8 001～9 000	2.30%	1.81%
9 001～1 000	4.10%	2.71%
10 000以上	12.00%	18.55%
拒绝回答	9.30%	8.60%

数据来源:《央视高清综合频道2008年度报告》,传媒一人民网2009年2月2日发布。

二、央视高清综合频道用户收视行为

1. 收视时间相对集中

根据2008年在北京、天津、上海、沈阳、青岛、秦皇岛6个奥运会比赛城市及其他11个城市开展的央视高清综合频道覆盖及落地情况等相关调查，央视高清综合频道用户的收视偏好特点之一是收视时间相对集中，观众在休息日的收看比例明显高于工作日。其中，工作日平均每天收看时长73分钟，休息日平均每天的收看时长114分钟。另外，19∶00～23∶00时段是一天中的收视高峰，可谓是高清频道的“黄金时段”，在这个黄金时段收看高清频道的用户比例达65%(见图5—5)。同时，对比奥运会期间中央电视台其他频道的收视率走势可以看出，高清频道的“黄金时段”与其他频道的收视率高峰时段也是基本吻合的。

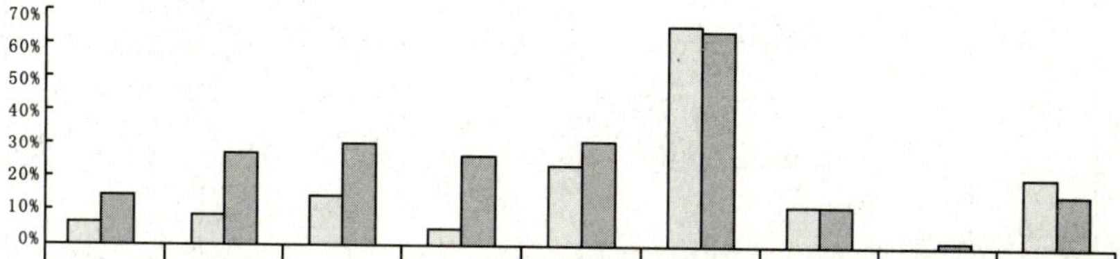

	06:00～09:00	09:00～12:00	12:00～14:00	14:00～17:00	17:00～19:00	黄金时段 19:00～23:00	夜间时段 23:00～02:00	夜晨时段 02:00～06:00	不看电视
□工作日	5.0%	9.0%	14.0%	5.4%	24.0%	66.5%	12.2%	0.0%	21.3%
■休息日	13.6%	27.6%	29.9%	26.7%	31.2%	64.3%	11.3%	0.9%	15.4%

数据来源：《央视高清综合频道2008年度报告》，传媒一人民网2009年2月2日发布。

图5-5　央视高清综合频道观众收视时间

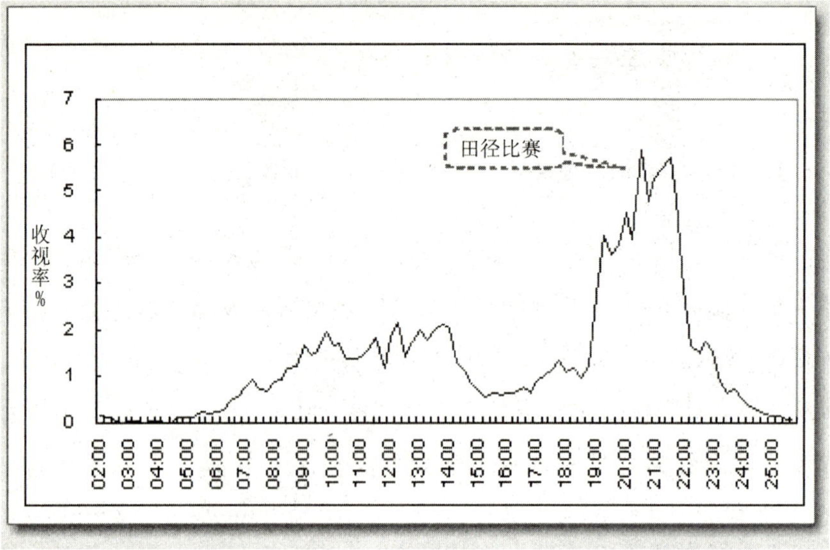

数据来源:央视—索福瑞媒介研究公司

图5-6　中央电视台一套全天时段收视

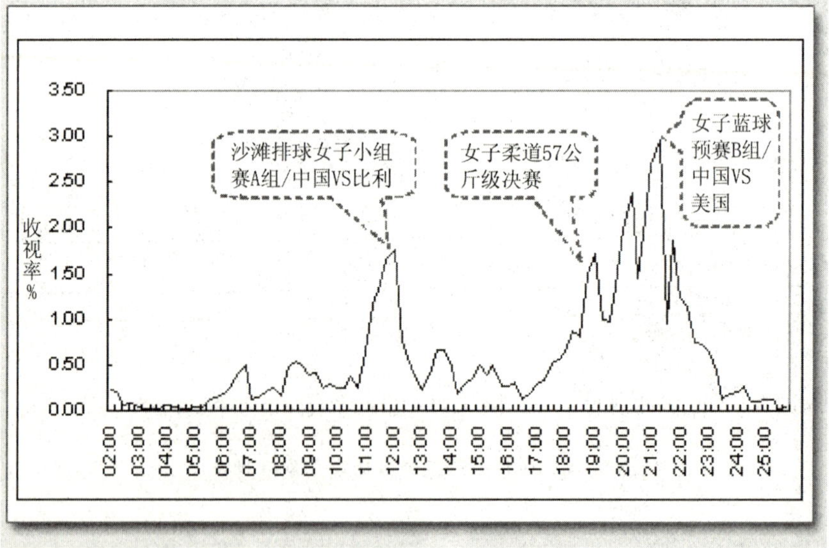

数据来源:央视—索福瑞媒介研究公司

图5-7　中央电视台二套全天时段收视

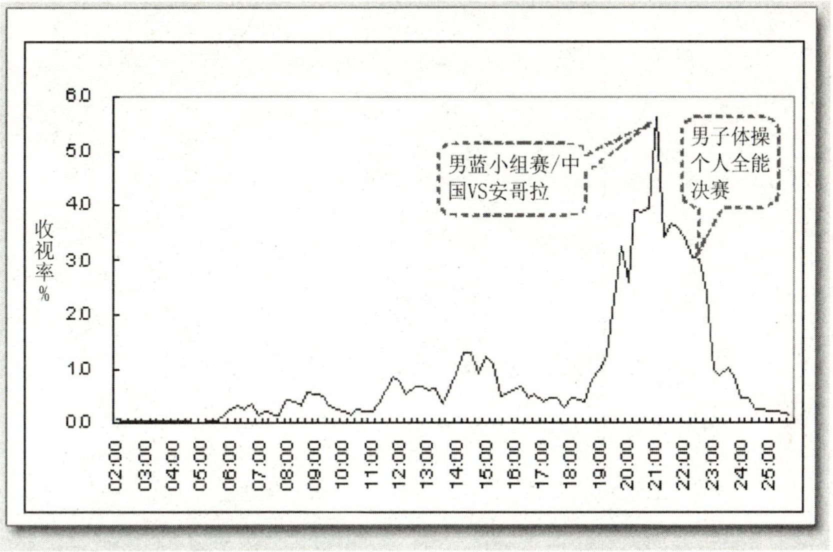

数据来源：央视－索福瑞媒介研究公司

图5－8　中央电视台七套全天时段收视

2. 节目收看偏好体育、影视、综艺

2008年奥运会期间，央视高清综合频道用户的收视行为表现出对以下节目类型的偏好：体育、电影、综艺和电视剧。它们是央视高清综合频道观众收看最多的节目类型，其中体育类节目的观众更是达到了高清综合频道观众总数的84.6％（见图5—9），这当中当然有奥运会期间观众对赛事的关注度空前高涨这一特殊因素。

此外，从收视行为数据也可以看出，电影和综艺类的节目收视率高达60％左右，更加印证了高清电视观众对这两类节目的偏好度确实高于其他类型的内容，这两类节目是最受观众欢迎的高清电视节目种类。

在欧美市场，体育类高清电视节目同样受到了用户的偏爱，电影、娱乐类节目市场很大。在美国和加拿大，除电影之外，高清化的体育节目最

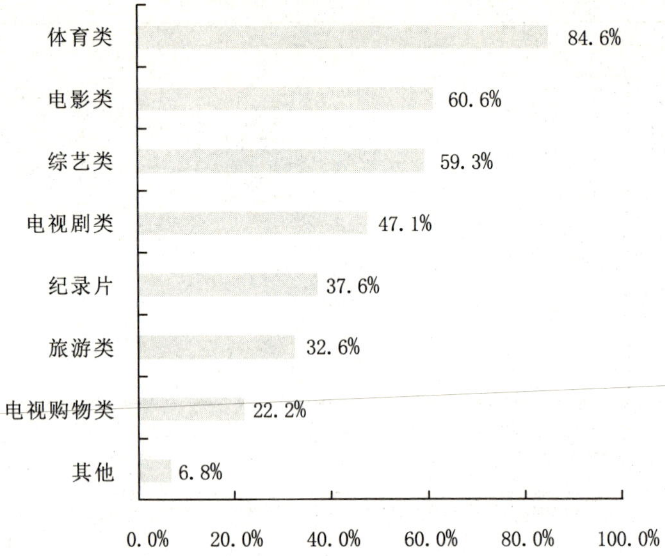

数据来源:《央视高清综合频道2008年度报告》,传媒一人民网 2009年2月2日发布。

图5-9 央视高清综合频道观众收看节目类型

多、最受欢迎。来自加拿大的市场调查结果表明,一些全国性、全球性体育项目的高清播出收视效果最好。

第五节 影响用户使用高清电视及其服务的主要因素

高清电视是继电脑、数字电视之后出现的新媒体,是大众接收冲击力强、表现逼真的视频信息的新途径。

传播学家施拉姆曾提出,受众在选择媒体和信息来满足自己的需求时遵循"选择的或然率"规律,即"选择的或然率=报偿的程度/费力的程度”[①]。其中,“报偿的程度”是指传播内容满足受传者实际需要的程度;“费力的程度”指受传者选择某一传播媒介接受信息时所付出代价的大小,同受传者使用某种媒介接收信息的难易程度有关。也就是说,一种媒介满足受众某种特定需求的可能性越大,同时受众所需付出的代价越低,这种传播渠道或讯息被选择的可能性就越高;反之,被选择和采用的可能性就越低。

根据上述传播学理论,在“是否选择高清电视这种新事物”的问题上,受众考虑的因素包括:所要付出的时间、金钱,使用的难易程度,可能的风险,退出的可能性,使用高清电视后是否能很好地满足用户自身的需求,以及其带给用户本人及其家庭的预期益处等。

一、用户使用高清电视的复杂程度和难易程度

高清电视是一种具有创新性和先进性的新产品,但是对于普通用户来讲,正确、全面地理解真正的高清电视标准和指标确实有些难度,这就在用户心理上形成了高清电视比较复杂的观念,不利于这种创新产品的推广和普及。与此同时,市场上出现的高清电视设备种类繁杂、概念混乱,无形中增加了消费者搜集产品相关信息的时间,加大了消费者做出购买决策的难度。在美国,正是由于用户对高清概念的认识混乱,导致了近几年消费者对高清电视的热度和期待程度大幅下跌。

根据传播学“创新扩散”理论,“使用难易程度”是衡量新事物是否能被采纳、推广的一个重要指标。罗杰斯(Everett M. Rogers)认为,某项创新的复杂性与它被采纳的比率是成反比的。例如,20 世纪 90 年代之前,

---

① 〔美〕威尔伯・施拉姆,威廉・波特:《传播学概论》,新华出版社 1984 年版,第 106 页。

家用电脑的复杂性就对电脑的推广产生过较大的负面影响,而在家用电脑的使用相对简化之后,电脑的普及率便开始迅速提升。目前,由于消费者对高清电视认识混乱,致使许多人担心购买高清电视的风险而不得已放弃了购买。

美国企业战略咨询公司 Frank N. Magid 曾接受有线电视频道 INHD 的委托(该频道由 Comcast、时代华纳等大型有线电视公司创办,在美国率先专门播出高清电视节目),调查了 1 100 个高清电视订阅用户,考察用户对有线高清电视服务的态度。其中,71%被调查者的态度为"感到很满意"或者"有点满意"。他们感到满意的原因包括:能够获得技术支持、收到本地节目、安装方便以及无需购置外加设备[①]。由此可见,在美国推广高清电视的过程中,由于设备购置快捷、安装方便并有技术支持保障,用户采用高清电视的复杂程度降低了。这些措施不仅帮助高清电视提高了普及率,同时也获得了较高的用户满意度。

二、用户收看高清电视的成本

消费者收看高清电视的费用发生在两个方面。第一,购买成套高清电视相关设备的费用;第二,用户订购高清频道或高清电视节目的费用。真正能达到高清电视标准的配套设备包括接收、显示、音响等多个组成部分,不仅需要达到高清标准的电视机作为显示终端,还需要能够接收高清信号的机顶盒终端和达到 5.1 环绕立体声标准的音响系统。因此,高清电视用户不仅要更换电视机,同时还要更换高清机顶盒,或者是直接购买高清一体机,这对于经济实力一般的消费者来说确实是一笔不小的开支。

① 〔美〕*HDTV Magazine*, July 26, 2005.

我国在推广和普及有线数字电视的过程中，也曾出现过类似的问题，消费者普遍关心机顶盒的价格问题。为了降低用户所要付出的各种成本，特别是设备成本，很多城市都采取了赠送机顶盒的模式，这才使得有线数字电视得以迅速普及。

高清节目的收视费问题，也是消费者在更换普通电视、采用高清电视设备时考虑的一个重要因素。美国高清市场快速推广的成功原因之一，就是以免费模式启动高清市场，待市场相对成熟后再逐步开展高清付费频道和高清点播业务。但是，近年来，由于运营商按月收取收视费，导致用户需要付出的金钱成本上升，美国高清电视用户也开始面临费用的问题，用户对高清的热度开始下降。美国电视咨询公司 Frank N. Magid Associates 的调查显示，在购买高清电视机的美国消费者中，只有 47%的人认为他们特别期待观看高清电视节目，而两年前该比例为 63%。由此可见，美国人对高清电视的热情正在减退。热情减退的原因之一是收看高清节目的成本过高，因为消费者在支付高清电视机费用的同时，还要向有线或卫星电视公司支付高清电视节目的收视费。

三、用户采用高清电视的可能性风险和代价

目前，对于广大电视观众来说，高清电视的未来还存在着一定的不可预知性，现在使用高清电视的用户面临着一定的可能性风险，这些风险主要体现在价格和内容方面。

首先，随着技术的普及，未来高清电视设备存在着降价的可能性，那么早期购买高清电视的消费者就承担了高清电视“贬值”的潜在风险。其次，目前开播的高清频道数量少、节目内容匮乏，未来高清电视节目量是否丰富，内容品质是否有吸引力，也是一个未知因素。再次，虽然目前有

免费的高清频道,但是未来高清频道是否会收费,收费标准用户是否能够承受,同样也是一个未知因素。

美国 ChangeWave Research 公司曾面向 893 名消费者调查他们对高清电视的爱好程度,其结果印证了"购买高清电视将会给消费者带来潜在风险的假设"。在尚未购置高清电子设备的被调查消费者中,57%的人在"等待降价",21%的人则在"等待高清电视节目增多"。可见,设备降价的可能性和高清节目的数量与品质,确实制约着用户在早期使用高清电视的几率。

四、高清电视赋予消费者的视觉体验

高清电视赋予消费者的视觉体验以及电视节目的丰富程度,是消费者是否选择高清电视的一个重要因素。

权威调查机构 Leichtman Research Group 对北美 1 302 户家庭进行的抽样调查结果显示,目前北美拥有高清电视的家庭已达4 000万户,占有率上升至 34%,占到全美 1/3 的家庭数量。仅两年时间内,北美高清电视的用户数几乎翻了一番。在这些高清电视用户中,有 38%的家庭表示购买高清电视是因为要更换家里旧的和损坏的电视机;22%的用户是被高清电视的画质所吸引;而 7%的用户则表示购机是出于对高清节目和高清频道的喜欢。

从美国高清电视普及过程中用户的态度变化可以看到,至少 1/3 的用户期待高清电视带来的视觉体验和丰富的内容。所以,如果潜在用户能够亲身体验到高清电视的视觉效果,那么高清电视带给消费者的"报偿的程度"还是较高的,就有利于消费者选择高清电视。

第六章

中国高清电视发展战略思考

第一节　高清电视发展的政策导向

高清产业的启动同样需要靠政府介入，如果纯粹靠市场运作，高清的普及会非常缓慢。我国有线电视的数字化便在政府的大力推动下取得了很大进展。

从国外的经验来看，高清电视的发展也需要政府的大力支持以及政府和产业界的通力合作。为促进高清电视发展，美国政府制定的政策涉及了高清电视产业的方方面面，如：高清电视机的技术要求，针对节目制作商的高清内容要求，针对地面广播电视的频率划分以及高清电视发展时间进度表等。例如，美国联邦通信委员会规定广播网在黄金时间必须播放一定比例的高清信号，并且要求内容供应商、有线和卫星电视运营商提供免费高清服务，以推动高清电视市场的发展。这些政策极大地推动了美国高清电视的加速发展。再如日本，日本从开播模拟高清到现在已经有二十多年了，从早期模拟高清研制的成功，到后来卫星数字高清的成功播出，日本工业界和政府之间的通力合作发挥了巨大的作用。日本政府、产业界一致强烈主张支持快速推进高清电视，将之视为日本争取电子消费品国际领导力的关键因素，同时日本政府还要求广播许可证持有者必须播出高清节目内容，从而使高清节目达到了很高的比例。

一、我国高清电视发展政策的制定思路

我国高清电视发展的政策困惑,缘于高清电视发展现状与发展远景的矛盾。一方面,我国资源有限,高清电视自身推广困难重重,同时又占据了更多带宽,制约了数字电视的推广。另一方面,高清电视的发展是必然趋势,巨大的产业规模前景始终牵动着产业链的各方。因此整个产业链的各个相关机构都期待着国家高清电视政策的出台。

中国高清电视发展,需要思考如何制定出符合中国国情的高清电视政策,需要考虑若干关键问题。

1. 高清电视在国家广电产业和信息产业中的定位

目前,高清电视的发展在广电部门的大力支持下取得了长足的进步。2009年国家广电总局先后下发的两个《通知》[①]更加规范了产业内部各级部门的具体工作和要求。但从整体来看,这些要求更偏重于对内容、技术、播出等细节方面所做的规定,并未明确高清电视在国家广电产业和信息产业中的定位。当下,国内外的新媒体发展如火如荼,产品形态层出不穷。在我国,数字电视、直播卫星电视、TPTV、CMMB手持电视都已在市场中初步试水,在政策的引导下纷纷投入运营。尤其是在三网融合的背景下,不同产业间的协调发展成为业内人士关注的焦点,高清电视和各个行业的交叉合作又成为当下高清电视产业不得不考虑的重点。政策有主次,发展有先后。在众多政策不断出台、广电部门规划不断更新的大环境下,我们更需要了解高清电视在国家广电产业和信息产业中要处于何

---

① 两个《通知》指《关于促进高清电视发展的通知》(广发[2009]58号)和《关于促进高清电视发展的补充通知》(广发[2009]69号)。

种地位，这应该是有关部门需要思考的首要问题。

2. 高清电视以哪个平台为主导？有线、地面和卫星各占多大比例

数字电视的传输渠道有三种：地面数字电视、有线数字电视和卫星广播电视。高清电视作为数字电视业务之一，根据我国国情，三种传输方式均已采用。

对于有线数字电视传输渠道而言，有线网进行数字化改造后，基本达到了 700MHz 的带宽，可以满足高清信号传输的需要。“十二五期间”，我国广电产业将加强有线电视网络数字化和双向化改造的步伐，达到百兆比特的带宽入户能力。到 2015 年，30 个大中城市将建成基于有线网络的下一代广播电视网示范工程。

对于直播卫星传输渠道而言，在我国，直播卫星无疑是两亿多尚无广电信号覆盖的家庭收看数字高清电视节目的最佳解决办法。虽然我国的卫星传输标准早已确定为 DVB－S，但由于我国对个人卫星接收电视节目有着严格的限制，因此业界的共识是直播卫星在国内的发展首先要解决如何修改国家 129 号令的问题。另外，直播卫星产业的健康发展还需要形成空间频段－地面运营网络－节目源－设备供应商－设备维修服务等一条完整的产业链。因此，高清电视在直播卫星的发展上还有很长一段路要走。

对于我国地面数字电视传输渠道而言，国家标准虽已出台，但是频率规划尚待解决。另外，由于模拟信号的频谱资源已经饱和，要再建立一个数字网全面提供服务，则难度和投入都会很大。所以地面数字电视的发展还需要较长的时间，地面高清电视之路任重而道远。

综上分析，由于我国高清电视产业传播渠道的多样化和特殊性，要求国家在政策上给高清电视产业的发展提供更加明确的方针和指导，比如

高清电视将以哪个平台为主导？有线、地面和卫星在发展中分别占多大比例？等等。这样才能有重点、有选择地稳步发展高清电视产业。

3. 以内容制作、播出、终端为产业发展的主要驱动力

尽管国家广电总局在高清电视的节目源和播出平台上不断推进，但各部门因资金短缺、改造难度大而造成的内容稀缺和信号接入率低等问题已成为高清电视普及的瓶颈。

在产业发展初期，产业链的各个机构和企业都在一声号令之下同时进军高清电视产业，但在发展中缺乏主次。实际上，这需要政策方面先引导产业链的一部分机构作为主力军，待发展成熟后，再带动其他各环节的运转，从而刺激整个消费市场。

在终端市场，高清机顶盒和数字一体机的普及率并没有带来质的提升，发展较迟缓。据奥维咨询公司最新统计数据显示，2010 年第 36 周(8 月 29 日至 9 月 4 日)，数字一体机销量仅占彩电总销量的 11%，而这其中还有相当一部分外资品牌产品。国家统计局公布的统计数据显示，到 2008 年底，我国彩电的保有量就已经达到了 4.5 亿台。由此我们不难看出，高清电视依然有很大的市场空间。终端厂商们从一开始便已摩拳擦掌准备进入高清电视市场，却始终因为产业链上游节目稀缺、产业链中游运营商发展缓慢、终端市场叫好不叫卖而犹豫不决，迟迟不敢动真格地进军高清电视终端市场。

因此，有关业内人士希望先发展产业链上游的高清电视节目，再发展产业链中游的网络运营商，进而带动产业链下游的终端市场；也有业内人士赞成首先推动电视机、机顶盒等终端接收设备市场，待用户规模化后再推出付费频道的增值业务，最后发展产业链中游的网络运营商。究竟应该先发展什么后发展什么，以哪个环节为高清电视产业的主要驱动力，这

需要政府出台具有指导性的政策。

4. 如何处理电视台、制作公司、设备厂商的关系

国家广电总局下发的《关于进一步促进和规范高清电视发展的通知》要求各地有线运营商不收取高清电视节目接入费用，不得向用户额外收费，地面无线播出的高清频道不得加密，不得收费。由于商业运营的高清电视节目摄制、采集和制作播出设备都需要电视台及节目制作单位投入高昂的成本，因此“先免费试用再收费”这种营销策略只是运营单位在起步阶段因节目内容稀缺而采用的权宜之计，未来高清市场终将走上付费模式的道路。所以从长计议，在广电行业“制播分离”的大背景下，电视台和制作公司的商业合作模式亟须出台一个合理的政策。

与此同时，各地广电行业的条块分割状态依然严重。地方广电部门在向用户转播高清节目过程中通过加密、绑定等方式设置技术壁垒，使本区域的消费者只能购买地方广电指定的机顶盒，致使用户在搬家或者变动区域时无法正常收看高清频道，只能再次购买相应区域内电视运营商推出的机顶盒，给用户造成了很大的不便。随着三网融合的推进，中间件提供商和机顶盒供应商之间的竞争也越来越激烈，还有些广电运营商强制用户在增加机顶盒时按端收费，增加终端月租费，造成了消费者的强烈不满。因此，在三网融合的实施过程中，如何处理好各部门之间的关系，如何建立有效的市场合作机制，成为时下亟待解决的问题。这需要国家相关部门尽快落实相关政策，以促进有线网络的融合和产业链的发展。

5. 出台吸引外部资本的相关政策

高清电视是一个系统工程，是集采集、制作、播出、传输、终端为一体的产业链。鉴于我国高清电视还处于初步发展阶段，整体上仍不成熟，还

未形成系统的产业形态,缺乏高清节目制作经验和有效的管理机制,再加之资金短缺,我国高清电视产业需要及时引进外部资本。因此,国家相关部门需要制定相关政策,鼓励外部资本进入高清电视产业。

6. 出台调控、扶持高清电视产业发展的政策

在标清向高清过渡期间,高清电视庞大的产业集群面临的主要问题是资金问题。从产业链上游来看,资金短缺造成了采编播设备整改停滞,进而导致高清节目内容匮乏;节目制作公司由于资金短缺,无法增加高清电视节目拍摄成本。从产业链的中游来看,由于网络运营方改造投资巨大,利润相对滞后,投入产出不成正比,导致高清信号接受和传输系统无法迅速得到普及。从产业链下游来看,消费者因高清机顶盒和数字一体机的费用高昂而推迟或拒绝高清电视体验。对于高清电视产业链的各环节,国家相关部门需要出台相应的调控、扶持政策,如此才能促进我国高清电视产业的良性发展。

二、我国高清电视产业发展的政策保障

目前,业界普遍认为我国高清电视产业的正常启动与发展已经具备了一些有利的商业运作条件。从资金层面来讲,广电总局已经和国家开发银行签署了《开发性金融合作框架协议》的贷款政策,国家开发银行承诺 2010 年前每年向广电领域项目提供 100 亿元以上的贷款;从节目层面来看,整个高清市场已深刻意识到高清节目储备的重要性;从传输网络来看,有线网络改造/数字化整体平移的大环境已形成,卫星传输具有可行性;从高清电视终端来看,高清电视机生产厂商众多,存在一定的潜在购买用户;从市场运营来看,市场宣传已提高了受众对高清电视的认知。

但是仅凭这些商业运作条件尚无法整体推动高清电视产业的快速发展，因而需要国家出台相关政策在产业层面进行引导。

1. 政策保障高清电视快速启动

在高清电视产业发展初期，高清公共频道先行的这一阶段，政府可以通过制定相关政策法规来保障高清电视的快速启动。

政策首先要明确高清电视在数字电视发展体系中的位置，切实将高清电视的发展内化到数字电视的发展之中，从政策层面明晰高清电视产业的发展战略，使高清电视产业链各机构各环节了解自身的发展目标。

中国的高清电视产业发展要达到的战略目标是什么？这个战略目标包含了相关的子目标，因此制定的政策必须有效地保障高清电视产业发展各子目标的实现。

(1)高清电视市场规模规划

这个市场规模包括一系列指标:用户规模上，高清电视用户占数字电视用户的比例;收视费收益上，高清电视用户收益占数字电视用户收益的比例;终端市场上，高清电视的销售量。

(2)高清电视内容建设规划

目前，我国高清电视产业链处于上游节目源短缺，下游高清电视终端充足的不平衡状态。广电管理层需要从资金引入、节目管理方面入手，鼓励、扶持、提升高清电视节目的制作数量和质量，比如规定高清电视节目须占节目总量的一定比例。

(3)高清电视频道发展规划

高清电视是未来的发展趋势，未来 3～5 年，尤其是 2015 年我国模拟电视信号关闭后，我国共发展多少个高清电视频道？不同级别的城市要发展多少个高清频道？这些都需要政府层面进行战略层面的规划。

(4)高清电视技术、标准发展规划

我国高清电视产业的发展,一方面要加快基础网络的建设、改建和数字化整体平移,为高清电视的发展做好技术准备。另一方面则要补充产业链各个环节缺失的标准和规范,保护产业链各方的利益。在高清产业启动初期,规范产业链各个环节操作的标准和规章制度十分重要。从技术上来看,高清的终端显示标准已经确立,还需要有关部门进一步确立AVS数字音视频编解码技术标准以及在各个平台上的传输标准;从内容上来看,目前缺失的标准主要有:数字节目版权保护法、数字高清节目交易规范等。

以上的技术发展和标准确认,都需要政府制定的相关政策进行有效的推动和引导。

(5)高清电视发展区域规划

高清电视作为数字电视的拓展业务,将按照国家广电总局对有线、卫星、地面数字电视覆盖的区域规划发展。

按照有线数字电视过渡时间表的要求,2005年重点推进直辖市、东部地区地(市)以上城市、中部地区省会城市和部分地(市)城市、西部地区部分省会城市的有线电视完成向数字化过渡;有条件的地区要积极开发信息服务、交互电视、高清电视和电视商务等新业务;在上海、青岛、深圳、杭州等有线数字电视网络中探索解决高清晰度电视频道入户传输问题。

对于有线、卫星及地面数字电视的关系,国家广电总局科技司司长王效杰指出,三者各有各的定位,共同构成我国广播电视混合覆盖网络。我国的数字化从有线开始切入,有线电视的主要市场在大中城市;直播卫星业务初期,主要解决边远地区的电视覆盖问题,然后随着业务的发展以及向城市的渗透,逐渐与有线网络形成良性的市场竞争格局;对于地面数字电视,在农村及边远地区主要提供公益服务,在城市中则定位于增值业务，例如车载移动电视、户外电视等。

(6)高清电视发展的过渡方式

众所周知，采用高清数字电视能明显地提高电视质量，提高播出效果，高清电视是一套相对独立的体系，它要求从电视台/社会制作机构的拍摄、制作，到网络的传输与终端的接收都支持高清信号。因此从电视台/社会制作机构对演播室和拍摄制作设备的升级改造，到用户终端接收机的更新，都是一个极大的成本投入。另外，有线电视用户若要看到高清电视节目，也首先要看当地有线电视网络公司是否具备向用户转播高清电视节目的条件，其次还须购买高清电视机和高清机顶盒。在已经实现电视数字化的城市中，标清用户占了绝大多数，因此高清电视市场的推广，既需要网络运营商在标清转高清的具体实施过程中降低成本，也需要高清电视的终端接收设备大幅度降低价格。

我国不会经历欧洲那种纯16:9标清(模拟高清)过渡期，会直接过渡到16:9高清(数字高清)。因为高清节目制作系统完全兼容和包含16:9标清信号，且目前的高清电视机能显示任何高清格式，因此节目制作端没有必要制作各种格式，可以以最经济的格式生产节目。

因此，标高清共存必然会经历一段较长的时间，共存的时间则可以通过国家政策来强制控制。

2. 政策调控高清电视的市场化运营

高清电视产业经过免费公共频道的发展阶段后，逐步过渡到付费频道模式，进入市场化运营阶段。相关管理部门应积极制定相关优惠政策，对那些率先启动高清电视节目制作的广播机构在税收、投资、拨款等方面给予倾斜，加大对高清电视产业上下游企业，如设备制造商、内容制作商的扶持政策研究，广电行业还应该加强信用建设，包括银行信用和商业信用。

除此之外，国家广电总局关于付费频道不得插播广告的规定，不利于尚处于起步阶段的高清付费电视。高清频道更是一个需要充足资金来运作的频道，缺了广告这块资金收入，单纯依靠电视台不断贴钱，频道的运营和高清节目的制作都将难以维系。在我国高清电视的起步阶段，需要政策上的扶持，如能取消高清付费频道插播广告的禁令，则有利于促进高清内容产业在节目内容制作和运作机制上的发展，有利于付费专业频道的专业化和节目质量的高质化[①]。

第二节　高清电视发展的定位准则

业界、学界和管理部门对于高清电视启动的定位存在两种截然不同的观点：一种认为高清电视的市场培育应该从公共服务开始；另一种认为高清电视应该从付费频道开始。前者的拥护者强调广播电视的公共服务功能，并引用美国等高清电视发展成熟国家的例子。后者的拥护者则强调付费频道发展处于困境，高清电视的视觉体验将彻底拉开付费频道和免费电视的距离。

那么，高清电视的消费者到底应该定位于高端用户还是大众用户？从目标消费群的角度来看，在目前高清电视尚未普及的情况下，高清业务只能定位于高端、小众的消费群，通过提高节目品质，拉开和现有频道的内容差距来吸引用户。

但高端用户对内容的要求非常高，在高清电视启动期，要满足这一要

① 资料来源：http://media.sohu.com/20100302/n270897321.shtml

求显得尤为困难。

另外，高清电视频道到底应该定位于公共频道还是付费频道？高清电视如果定位于公共频道，则必然由政府主导，属于政府行为的一部分，就必须关注政府形象宣传，提供大众所需的资讯；如果定位于付费频道，就必须进行市场化操作，以市场需求作为策划频道内容的依据。

考虑到高清公共频道仍然承担着公众服务的功能，考虑到高清付费频道对数字付费频道的推动作用，建议政府在频道规划方面加以考虑，一种模式是在地面数字电视中开通免费高清频道，而在有线网络和直播星上实现付费模式；另一种模式是将国家无偿给予的频率资源用于高清公共频道，将有偿给予的频率资源进行高清电视频道的商业运营。这也是目前业界的一种共识。

一、以公共频道启动高清电视产业

国家广电总局副总工程师杜百川曾经说过："如同黑白电视向彩色电视过渡一样，高清晰电视也应该从一两个开路频道开始，让国民都有机会享受到它。老百姓对高清电视有一个了解和接受的过程，如果没有这个过程就让高清电视全面进入收费阶段，将会面临风险。"他同时还认为，选择公共频道是为了让所有国民都能有机会享受到高清电视的优势。

中国可以借鉴国外模式，将各级公共频道作为高清公共服务的输出渠道，一方面解决各地公共频道的生存困境，一方面承担广播电视公共服务的职能。

高清公共频道之所以选择有线和卫星传输，是因为这两种传输方式没有技术标准方面的障碍，同时高清演播室的标准也已制定完毕。

不过,以公共频道启动高清电视产业会面临一个潜在的问题:充当公共服务功能的频道内容是否能引起观众对高清电视的认可和喜爱?

二、以付费模式发展高清电视产业

之所以以付费模式发展高清电视产业,是因为高清电视产业需要巨大的、源源不断的资金投入,付费模式可以促进高清电视在资金层面的良性循环。

带给观众强烈视觉体验的高清电视将是付费电视发展的一个重要机遇。目前,我国已经出现的几个高清频道,如央视高清综合频道、上海文广新视觉高清频道等均在有线数字电视付费平台上传输。运营机构最终之所以决定在付费数字电视中首先开展高清频道,是希望通过高清频道为付费数字电视建立更加有效的商业模型,从而带动正在进程中的数字电视产业发展,推动数字电视的整体平移。

第三节　高清电视发展的内容建设

数字电视以内容为王,作为数字电视产业真正启动标志的高清电视更是如此。内容无疑是高清电视产业链中最为重要的一环,直接影响到终端接收机的产业规模和运营机构的收益。

与美日等数字电视发展较为成熟的国家不同,我国的高清电视内容产业迟迟未能发展起来,内容的缺位成为阻碍我国高清电视产业快速发展的瓶颈。

那么,如何促进我国高清电视节目的内容建设呢?综合业界和专家对高清内容发展方面的种种观点，我们力求从高清电视内容分类、内容来源和内容版权保护3个方面寻找行之有效的方法。

一、高清电视内容

1. 情景剧和影视剧的高清化

情景剧和影视剧具备成本低、节目源丰富、目标对象明确的特点，比较适合高清影视频道进行市场化运营。上海文广新视觉高清频道和国家广电总局电影频道节目中心的高清影视频道均以影视剧或相关内容为主。上海有线网络运营商东方有线网络有限公司全新引进了5套高清频道，其中2个频道以影视内容为主，分别是高清都市剧场和高清点播影院。

2. 体育等大型直播赛事的高清化

体育、综艺、模特等大型现场直播赛事的高清化是高清频道内容的第二大类型。体育等大型直播赛事适合高清化的原因在于，高清电视的杜比5.1环绕立体声、符合人体视野的屏幕比例、高清晰度的显示质量，使观看者可以体验到体育赛事的视觉震撼和强烈现场感，犹如身临其境。

3. 综合频道的高清化

综合频道的高清化也是增加高清电视节目内容的方法之一。高清电视具有公众资讯信息服务的功能，因而承载该功能的综合频道的运转需要政府对高清电视内容的制作进行投入并通过公共频道进行传输。

4. 高清动画

高清动画也是高清电视节目的内容之一，但高清动画由于成本较高，因此要充分考虑市场的接受度、文化的差异度和动画的生命周期，在目前全球高清市场仍处于起步阶段的情况下，高清动画的风险比高清影视、高清体育等更高。

二、高清电视内容来源及版权保护

目前，已经投入运营的高清频道都不同程度地存在内容短缺的问题，这就需要频道集成商通过多种渠道补充高清电视的内容。以下列举了几个内容来源，希望可以起到抛砖引玉的作用。

1. 数字电影——高清电视内容的有效补充

数字电影是今后高清电视节目的一个重要来源。高清数字电影带来的强烈视觉冲击将彻底扭转人们“高清频道不如免费频道精彩”的认识误区。

从技术上讲，数字电影完全可以满足高清电视的播出要求。中影集团、电影频道的现存数字电影，以及200多部胶片电影都可以转换成数字电影，均可以用于高清播出。中影集团将在近几年把国内现存的5 000部电影全部转成2K的格式，这就完全可以满足数字影院、高清节目的要求。

2. 互联网内容——高清电视内容的后备力量

广电系统的数字电视在高清电视传输方面占据优势，而互联网则在交互性方面领先。高清电视的发展将加快三网融合的步伐，将高清晰度电视和宽带视频加以融合，使广电高清内容缺乏的状况得到缓解。同时，高清电视也将彻底克服IP内容在电视上的显示障碍。

3. 社会节目制作公司

伴随着高清电视频道的增多，单靠各电视台制作节目已无法满足高清节目的播出要求，高清电视节目的的规模化发展急需社会节目制作公司的加入。因此，在节目制作方面应该进一步开放市场，鼓励民营资本和外资进入节目制作领域。更重要的是要建立一个公平、透明的节目审查制度和节目分级播出制度，这样才能为数字电视的运营商提供源源不断的优秀节目资源，为高清电视频道的发展奠定一个坚实的基础。

4. 海外高清电视节目

为了快速补充我国高清电视节目的数量，在短期内提高节目质量，可以引进海外优秀的高清电视节目或与海外合作拍片。希望相关管理部门制定相应的优惠政策，鼓励节目集成运营商引进高清电视节目。

5. 高清电视节目交易平台

作为高清电视产业化实施的重要组成部分，高清电视节目制作正逐渐成为一个新兴的行业。建立数字高清电视节目交易平台，旨在带动高清电视节目的商业化开发和集成，以利于数字高清电视播出、传输设备、接收机和显示器等相关行业的发展。

高清电视节目交易平台的建设需要以下几个措施联合行动。

第一，积极推进高清电视节目制作，特别是现阶段高清电视节目的套裁制作方式，以促进高清节目的积累。

第二，鼓励电影频道在制作电视电影时尽可能采用高清制作技术。

第三，鼓励高清电视节目频道业务多元化，除了频道的广播形式外，还积极开展高清节目的推送下载或交互点播业务，例如促进高清游戏、高清动漫的应用。

第四,电视台和节目制作机构尽快成立高清内容产业联盟,在节目内容上广泛合作,资源共享,以扩大节目源。

第五,允许地方高清频道进入中央节目平台传输,允许上星覆盖全国。

第六,尽快建立我国高清电视节目的节目频道和内容品牌,实现内容输出,开展内容的衍生经营等。

6.高清电视内容版权保护

高清电视节目制作成本高昂,因此国际上对高清电视节目内容版权的管理非常到位。从高清电视发展较好的美国和日本来看,他们对高清节目的制作、播出、传输乃至机顶盒、电视机输出接口,都要求有数字版权管理(DRM)技术。

数字电视内容版权保护是整个数字电视产业链形成及运营的关键。从技术角度来讲,内容保护技术主要是DIM技术,但现在还处于应用性试验阶段,而从研发到应用还有很长的距离。内容版权保护不仅需要技术来把关,同时还应该通过“技术+自律+法律”来实现,即版权保护技术+政府法律规范+产业自律。

中央电视台高清节目采取全程加密的方式来实现版权保护。中央电视台的节目管理采取两级授权的方式,即备受争议的双CA。从高清机顶盒到电视机之间的数字视频接口采取HDMI接口,里面嵌入HDCP,符合国际高清发展趋势。除此之外,中央电视台还于2004年11月22日发起成立了中国广播影视数字版权管理论坛(China DRM Forum),对节目制作过程的版权保护技术进行研究。该论坛的宗旨是:促进全社会对数字版权管理的重视,推动数字版权管理的发展,保护数字媒体产品发布链中所有参与者的权利，建立一个良好的文化交流和商品贸易环境；研究探讨中国数字多媒体版权管理的解决方案、技术标准、发展方向、发展战略及其与国家数字媒体发展密切相关的问题，关注最新的DRM技术动态，构建一个良好的数字多媒体版权管理平台。

第四节　高清电视发展的传输方式

高清电视的信号传输主要有四种方式：通过（直播）卫星传输、有线电视、地面/移动无线数字电视网络和IP网络电视系统。与此相对应，它们分别被称为高清卫星数字电视、高清有线数字电视、高清地面/移动无线数字电视和IP高清网络数字电视。[①]

一、通过有线电视网络传输的高清数字电视

有线网进行数字化改造后，可达到700MHz的带宽，基本上可以满足高清信号传输的需要。

中国有线数字电视的基础较好，以有线电视网作为传输介质，其应用范围广，发展也很快。其数字有线广播电视系统采用欧洲标准DVB－C（ETS 300 429），具有16QAM、32QAM、64QAM（对应有最大38Mbps的传输带宽）、128QAM（对应有最大44Mbps的传输带宽）和256QAM（对应有最大50Mbps的传输带宽）正交调幅调制等几种调制方式。

---

① 资料来源：http://article.ednchina.com/CE/High_definition_digital_TV_transmission_technology.htm

二、通过地面/移动无线传输的高清数字电视

地面数字发射的传输容量,在理论上大致与有线电视系统相当,但受制于无线发射频点的许可;它能够较好地实现本地区无线数字电视的高覆盖率。因为采用了较新的调制方式,8MHz 的带宽内能传送 10~12 套标清电视节目或至少 2 套高清电视节目,且传输费用低廉。

开展地面数字电视必须首先确保现有模拟广电覆盖的正常运转,然后才能考虑提供数字电视等新服务。由于模拟的频谱资源已经饱和,如果再建立一个数字网全面提供服务,不仅难度很大,投入也很大。所以开展地面数字电视,搞好频率规划是根本保证,也是一项基础性的工作。从国外的经验看,从确定标准,规划频率,系统设备产业化到真正开始市场推广应用,大约需要五六年的时间。我国从 2004 年开始,国家广电总局加大了投入,开始组织实施地面数字电视频率的规划工作。广电总局初期主要是对各地的情况进行了解,如频率启用了多少,在播电台、电视台有多少,还有多少频率资源可供数字电视使用。未来数字电视的业务还需进一步归类,因为固定数字电视、移动数字电视和高清数字电视所占频率不一样,传输方式也会不同[①]。

三、通过卫星传输的高清数字电视

对于覆盖全国的高清数字电视节目,通过(直播)卫星进行广播是比

---

① 英宁:《国家广电总局将重点制定地面数字电视频率规划》,《卫星电视与宽带多媒体》2005年第9期。

较合适的方案[①]。但由于我国的特殊情况，高清电视在直播卫星的发展上还有很长一段路要走。

四、通过IP网络系统传输的高清数字电视

IPTV网络电视又名交互电视或者宽带电视，是通过电信宽带互联网(如电信和网通的ADSL、社区5类线等)接入方式，也可以是经FTTH(光纤到户)传输电视节目的新型多种交互式电视传播形式；它集互联网、多媒体、通讯等多种技术于一体，通过互联网络协议向家庭用户提供包括数字电视在内的多种交互式数字媒体服务，网络电视用户在家中就可以通过个人电脑或者“网络机顶盒＋普通或高清电视机”的方式接收各类网络电视节目，不仅可以享受传统意义的视频服务和互联网的网络浏览，还可以享受新的交互式服务。IPTV网络电视还支持数字电视平台，让用户在一个综合的网络服务平台上享受互动娱乐和服务，比如在线交易、互动点播、电视语音信箱和网络游戏等服务。由于其拥有众多的频道和内容，因而可以满足网络电视用户不同层面的需求。

要在IP网络系统中传输高清数字电视节目，除应采用实时MPEG－2/MPEG－4/H.264/AVS高清流媒体编码设备外，还必须保证IP网络的传输带宽，要有3～5Mb/s的宽带网络连接，配合相应的IPTV高清数字电视接收机顶盒，这样才能收看好IP网络中的高清数字电视节目。

综上陈述，我国高清电视初期主要通过有线数字电视网络进行传输，而通过地面数字电视和直播卫星进行高清电视节目传输则有待时日。我国会综合运用多种传输方式来加快高清电视的发展。

---

① 资料来源：http://article.ednchina.com/CE/High_definition_digital_TV_transmission_technology.htm

第五节　高清电视发展的运营模式

高清电视的运营分为高清公共频道的运营和商业频道的运营。高清公共频道由于是免费播出,将继续采用播出广告的方式实现盈利;上海文广新视觉高清频道及广电总局电影频道节目中心的CHC高清电影频道都是在付费平台上运营的商业频道,其商业运营还在不断的探索和调整中。

一、高清电视的运营前提

一个良性运营的高清电视产业链应该分工明确而又紧密合作,每个产业角色都发挥应有的市场职能,每个环节都能产生市场收益。

对于高清电视产业,其商业运营需要具备以下前提条件:

1. 用户——决定性因素

用户是否喜欢高清电视节目并为高清电视业务买单,是高清电视业务能否顺利开展的决定性因素。用户数量、ARPU值将直接影响产业链上每个环节的收益状况。

2. 内容——制约性因素

用户真正长期消费的是高清电视节目本身,因此发展高清电视产业,"内容为王"依然是硬道理,内容将成为高清电视产业能否顺利快速进行商业运营的制约性因素。

3. 网络运营商——运营主体

网络运营商作为运营主体，其运营能力、与产业链其他环节的合作及管理能力将是成功的关键。网络运营商的任务是凝聚高清产业链上下游的力量，共同为用户提供服务。

4. 服务提供商——服务主体

服务提供商作为向用户提供服务的主体，将配合网络运营商制订相应的业务发展策略，通过不同业务满足用户的差异化需要，但服务的核心内容还是高清电视节目。

5. 设备提供商/系统集成商

设备提供商/系统集成商在整个高清电视产业链中是最主动的一个环节，也是整个产业链中的首先获利者。为了促进高清电视产业的快速发展，系统设备商应该不断扩大生产，降低产品价格，为市场提供稳定可靠、价格合理的高清产品。

二、高清电视的运营模式

1. 端到端运营模式

高清电视与标清电视的区别主要在于节目制作及接收终端，传输环节差别不大。高清电视节目的制作、集成门槛较高，而且观看高清电视对机顶盒、电视机的要求也很高。正是由于高清电视的这些特点，某些运营机构拉长了对产业链的占有。这种模式将其职责扩大到了整条产业链，要求进行端到端的运营，打破了数字电视、付费电视刚刚建立起来的产业规则,容易形成垄断;与此同时,运营机构也要承担更大的资金和管理压力,所以这种运营模式并不适合高清电视长远、稳定的发展。

2. 网络运营商与节目集成商/供应商的合作模式

有线数字电视及付费电视的运营主体、产业链已基本确定,高清电视作为数字电视业务之一,可以遵循现有的运营模式。即:有线运营商作为高清电视的运营主体,直接面向用户服务;广播电视机构作为高清频道的主要开办主体,将高清频道或集成运营平台集成后的节目传输到数字电视运营商,面向用户进行销售;有线网络运营商作为高清电视的"代销商",有权决定适合于本地的节目打包方式、价格、包装、定位等营销策略。

3. 节目供应商/集成商与设备供应商的合作模式

高清业务与高清终端之间相互依赖、相互推动,频道开办/集成机构与终端厂商有许多类似的诉求,因此存在一定的合作空间。

例如央视高清综合频道就与松下、日立、海信等展开合作,上海文广与美国德州仪器半导体技术(上海)有限公司(以后简称"德州仪器")之间展开合作。央视高清综合频道依靠中央电视台强大的节目资源优势和高端技术保障,向用户提供全国范围内数量最多、质量最高的独家高清节目和稳定的技术传输系统,而海信集团提供的高清电视机和机顶盒则为央视高清影视频道的最终播出效果提供最后的保障。根据战略合作协议,海信集团得到"央视高清合作伙伴"的图文标识的使用权,在合同期内,海信集团将按照合同,在自己的产品中使用"央视高清合作伙伴"的图文标识。

但这种合作必须注意两点：其一，合作是否有利于广大的最终用户；其二，合作是否有利于高清电视产业链的构建。

4. 网络运营商与设备供应商的合作模式

在数字电视运营方面，运营商向设备供应商购买数字电视前端设备及机顶盒，同时设备供应商密切配合运营商的前端系统搭建以及机顶盒的售后服务。

5. 网络运营商与服务提供商的合作模式

网络运营商与服务提供商往往是一体的，网络运营商不仅承担数字高清节目的传输任务，同时还要负责终端设备的销售以及提供其他服务。

6. 节目供应商与服务提供商的合作模式

付费高清频道需要通过节目集成平台与各地服务平台连接，公共高清频道则采用各省卫视频道的落地方式，缴纳一定的"落地费"。节目供应商与服务提供商的合作模式是：节目供应商不仅制作高清节目，而且提供其他信息服务，并参与面向用户的运营，与服务提供商合作或者干脆成为"虚拟运营商"。

7. 网络运营商、节目提供商、节目集成商与服务提供商四位一体模式

地面数字电视及直播卫星方面的高清电视运营模式，有可能在国家广电总局的总体发展规划下，出现与上述有线高清电视运营模式不同的模式，很可能是集网络运营商、节目提供商、节目集成商与服务提供商四

位一体的模式:运营主体制作高清电视节目,集成高清电视节目,传输高清电视节目,并向用户提供高清电视节目相关服务。

三、高清电视的盈利模式

目前我国已投入商业运营的高清电视频道主要通过有线数字电视网络进行传输,因此其盈利模式设计基本等同于已有的付费频道。

和付费频道一样,高清付费频道的收入主要包括三个层次:收视费收入、节目交易收入和频道衍生经营收入。

1. 收视费收入

收视费收入是最基本的收入层次,在这一层次,频道作为内容集成商或内容供应商参与数字平台的运营。即将整频道输出,然后与各级网络平台分账,或者把特色节目分散提供给各数字平台,以节目点播收费。这也将是高清频道的主要收入来源。

2. 节目交易收入

目前国内的电视台可以拍摄一些具有中国文化、历史、民族特色的搞清电视节目,通过国际间的高清节目交易获得收入,这部分收入弥补了高清演播室设备的成本投入。

3. 频道衍生经营收入

这部分收入是高清付费频道运营较为成熟阶段的操作,也将是频道的重要收入来源。迪斯尼之所以可以完全免费赠送节目,是因为节目外的衍生产品经营才是其主要收入来源。在模拟频道中也会有衍生经营，但一般集中在与内容相关的产业，如音像制品和书籍的出版发行。在付费频道的收入来源中，这部分将继续保留，但衍生的广度和深度却将进一步扩展。

四、高清电视的市场营销

业内的高清电视频道已经开始了市场运营，不同的运营者采取了不同的融资和运营方式。以下介绍两种市场营销方式。

1. 高清电视频道、地方网络公司、高清电视机生产商三维立体营销网络

部分高清电视频道采取了与地方网络公司、高清电视机生产商结盟的方式，即频道＋地网公司＋厂商的三维立体数字电视合作模式，通过售后服务的优势互补（高清节目售后＋高清电视售后）和产品资源的优势互补（高清电视节目＋高清电视机）来共同促进高清电视频道在地方以及全国的推广。

例如，上海文广集团在推广其新视觉高清电视频道时选择了和全球知名芯片厂商德州仪器合作，并利用了德州仪器与上广电、创维、长虹、TCL 等彩电厂商的战略联盟，从而将其合作范围扩大。

与此同时，上海文广坚持将用户收视费让利给地方网络公司，以求共同扩大用户覆盖规模。

这种三方共同开发市场的模式，有利于整合产业链各方的力量，从而推动高清电视产业的快速发展。

2. 组建城市联盟，降低运营成本和市场风险

由于高清电视节目制作费投入高，因而本书建议组建城市联盟，资源

共享,以降低高清电视的制作成本、运营成本和市场风险。城市联盟的运营方式是:由联盟的成员台联合开办一个高清频道,每个成员台承担某个栏目或若干长度的高清节目制作任务;然后将频道申请为全国付费节目平台频道,或在成员台的省市有线网络落地传输,并委托一家成员台承担播出任务。谈到高清电视市场的拓展和经营,可组建公司运营或委托公司经营,频道风险与收益由联盟成员台共同承担。

五、高清电视的发展阶段

在全面深入分析我国高清电视产业发展现状的基础上,同时结合全球发达地区高清产业的发展脉络和实践经验,考虑我国高清电视产业面临的历史机遇和发展方向,可以将未来几年的产业走向分为以下两个阶段:

1. 市场启动期

根据我国高清电视的发展,其市场启动期可以界定为2008年之后到2012年的这段时期,这段时期的主要工作是以免费公共高清频道启动高清市场。

中国高清电视市场借助2008年的北京奥运会,已经培养出一批收视习惯稳定的高清用户群体。以这些高清电视用户群体为基础,这一阶段的重点工作有两方面:其一,在中央电视台以及全国有条件的地区优先发展公共高清电视频道,以免费模式启动高清电视市场,逐步扩大高清电视家庭的数量;其二,整合多方力量,调整产业链各环节的相互关系,理顺产业链上下游之间的协作关系,在市场启动期打造一个相对完善的高清电视产业链结构。

本阶段，高清电视的发展需要关注以下两方面的问题：

第一，政府对高清电视发展的扶持。应加强政策对行业发展的促进作用，以便为高清电视产业的启动提供保障。我国可以借鉴美国的高清电视发展模式，争取政府的支持，通过免费的频道和节目来启动市场。同时，应综合分析高清产业链各环节的需求，加强政府宏观调控。对发展过快的环节，如终端设备商，要进行理性的引导；对发展滞后的环节，如内容提供商、频道播出平台等环节，则要给予一定的政策倾斜，加强政府主导，进一步规范产业链的形成和健康发展。

第二，发挥中央电视台的示范作用，同时着手开展地方电视台的高清推广工作。我国可以借鉴欧洲发展高清电视的方法，针对不同地区的区域特点，采用不同的推广模式。对基础条件好、有线数字电视发展较快的地方电视台，可以给予必要的政策扶持和资金支持，力争探索出适合该区域特点的高清电视经营模式；对基础薄弱的地区，则应首先进行有线数字电视的普及，不可盲目推广高清。

2. 市场全面拓展期

我国高清电视的市场全面拓展期可以界定为 2012 年后。在高清电视市场正式启动、全国数字电视进程基本完成的基础上，本阶段的主要任务是：在高清电视市场条件相对成熟后，探索高清电视的商业模式，在全国逐步建设高清付费频道，开展高清点播业务，实现从免费频道向付费频道的过渡；待总结出最佳的高清电视经营模式后，高清电视运营商致力于重点提升频道的内容质量，整合产业链各环节，形成行业合力，推动高清电视产业良性发展。

本阶段高清电视的发展面临以下三方面的问题：

首先，根据国家广电总局的时间表，2010 年，我国除西部地区外，全国县级城市便要基本完成向数字化的过渡,全面实现数字广播电视;2015年要全面终止模拟电视广播。“模数”转换完成后,将为高清电视的发展提供更大的发展空间和机遇,但在相当长的一个时期内,高清电视将与有线数字电视共存,这是现实。

其次,高清电视收费模式的探索将是本阶段的核心,它将直接影响到高清电视的推广成果。如何使观众顺利地接受从免费到付费的转换,需要经过实践的探索和时间的检验。

最后,市场逐步成形后,高清电视市场要逐步弱化政府主导,按市场规律来调配资源,实现行业发展。中国高清电视的发展将实现由政策主导向市场主导的转换。

参考文献

著作

〔美〕威尔伯·施拉姆、威廉·波特著，何道宽译：《传播学概论》(第二版)，中国人民大学出版社 2010 年版。

郭庆光：《传播学教程》，中国人民大学出版社，1999 年版。

黄升民等著：《多种形态下的中国城市家庭消费》，中国轻工业出版社 2006 年版。

期刊

《中国数字电视》，2007 年 1 月号(总第 30 期)。

《广播与电视技术》，2009 年第 5 期。

《广播电视技术》，2009 年第 1 期。

《广播电视信息》，2009 年 1 月。

《卫星电视与宽带多媒体》，2010 年 12 期。

图书在版编目(CIP)数据

中国高清电视:内容·技术·市场/赵子忠等著. —北京:中国传媒大学出版社,2011.8
ISBN 978-7-5657-0322-5

Ⅰ.①中… Ⅱ.①赵… Ⅲ.①高清晰度电视—电视事业—研究—中国
Ⅳ.①G229.2

中国版本图书馆 CIP 数据核字(2011)第 173646 号

中国高清电视:内容·技术·市场

作　　者 赵子忠　王　昕　李琳琳　卢　迪
责任编辑 赵丽华　欣　雯
责任印制 范明懿
封面设计 魏　东
出 版 人 蔡　翔

出版发行 中国传媒大学出版社
社　　址 北京市朝阳区定福庄东街 1 号　邮编:100024
电　　话 86-10-65450528　65450532　传真:65779405
网　　址 http://www.cucp.com.cn
经　　销 全国新华书店

印　　刷 北京中科印刷有限公司
开　　本 730×988mm　1/16
印　　张 10.25
版　　次 2012 年 1 月第 1 版　　2012 年 1 月第 1 次印刷

书　　号 978-7-5657-0322-5/G·0322　**定　　价** 38.00 元
